Hinfallen ist keine Schande, nur Liegenbleiben

MURIEL BAUMEISTER
mit Constanze Behrends

Hinfallen ist keine Schande, nur Liegenbleiben

BOOKS

Inhaltsverzeichnis

Vorwort 9
Heimat 11
Alien 19
Fußstapfen 23
Hamburg 27
Eine neue Rolle 31
Die Goldene Kamera 33
So gut wie möglich 35
Puschelkullover 39
Bossa Nova 43
Learning by doing 45
Vorbilder 53
Die schwarzen Schwäne 57
Für immer 61
Überraschung 63
Stilldemenz 67
Barfuß im Dschungel 69
Was für ein Theater 71
Postnatale Depression 75
Krampus 79
Ein böser Freund 81
Entzug 85
Letzte Ausfahrt 89
Heute nicht! 95
Popularität 103
Influenza 107
Schon oder noch? 109

Kratzspuren	113
Berlin	119
Pregnant Hill	123
Mattsee	127
Weihnachten	129
Meine Mutter	133
Großmutti Brigitte	137
Oma Anna	141
Herr Toth und ich	145
Horst	151
Patchwürg	155
Leidenschaft	161
Beziehung statt Erziehung	165
Zigeunerschnitzel	169
Höflichkeit	173
Frust	175
Freundschaft	181
Blütezeit	185
Alter vor Schönheit	191
Käthe	199
Frauenrollen	203
Humor	207
Die Stunde des Wolfes	211
Courage, Coco!	219
Rückendeckung und Ausblick	227
Danksagung	231

Für all die wunderbaren Frauen in meinem Leben
Für meine Großmutter Brigitte
Für meine Oma Anna
Für meine Freundin Judith
Für meine Töchter
Und wie alles in meiner Welt
Für Barbara

PS: Und für den Mattsee

Vorwort

Liebe Leserin, lieber Leser,

ich danke Ihnen dafür, dass Sie dieses Buch gekauft haben. Sollten Sie es geschenkt bekommen haben, dann seien Sie doch bitte so gut und bedanken Sie sich in meinem Namen bei der schenkenden Person mit den herzlichsten Grüßen!

Erlauben Sie mir, einige Worte an Sie zu richten, bevor es richtig losgeht. Ich möchte Ihnen fairerweise sagen, was dieses Buch alles *nicht* ist:

Erstens: Es ist keine Beichte. Ich habe Fehler gemacht, und ich stehe dazu, wie Sie gleich lesen werden. Aber ich habe mich bei den Menschen, die ich liebe und denen ich mich verbunden fühle, für alles entschuldigt. Außerdem gehört die Beichte in die Kirche und nicht ins Bücherregal.

Zweitens: Es ist keine Autobiografie. Meine Co-Autorin Constanze Behrends und ich haben aus den vielen Anekdoten und Erkenntnissen meines Lebens die lustigsten, spannendsten und, wie ich hoffe, für Sie interessantesten herausgepickt. Wir erheben keinen Anspruch auf historische Genauigkeit oder eine lückenlose Darstellung meines Lebenslaufs.

Drittens: Es ist auch kein Ratgeber. Denn Ratschläge sind auch Schläge. Ich teile in manchen Kapiteln meine persönlichen Lösungen für bestimmte Probleme, kann Ihnen aber nicht garantieren, dass die gleiche Lösung bei Ihnen auch funktionieren wird. Wenn überhaupt, kann Ihnen meine Geschichte als Inspiration dienen. (Vielleicht auch nur dafür, wie man es nicht machen sollte ...)

Viertens: Dieses Buch ist kein reines Sachbuch, dazu müssten die Themen wissenschaftlich abgehandelt sein. Und das sind sie nicht. Ist alles rein subjektiv! Versprochen.

Fünftens: Ein »Frauenbuch« ist es auf gar keinen Fall! Obwohl die Protagonistin eine Frau ist und die Themen eventuell eher eine weibliche Zielgruppe ansprechen. Wir haben 2019 und gendermäßig alle die Augen aufgemacht – hoffe ich zumindest.

Jetzt fragen Sie sich vielleicht: Ja, was ist dieses Buch denn dann? Es sind meine Geschichten – gesammelt, verbunden, reflektiert und für Sie aufgeschrieben. Sie handeln von solch unterschiedlichen Dingen wie meinem Religionsunterricht in Salzburg oder den Dreharbeiten mit Götz George, von meinem Phönix-Tattoo, meiner Lieblingswimperntusche und der Belagerung durch die Presse. Ich nehme Sie mit zu einem Spaziergang über den Friedhof, auf einen Spielplatz im Prenzlauer Berg und in die Toskana, wo meine Schauspielkarriere begann. Sie erfahren, wie ich mit meiner Patchworkfamilie klarkomme und wie ich den schwersten Kampf meines Lebens gewonnen habe – den gegen den Alkohol.

Es ist also ein bisschen was von allem, ein Potpourri an Lebenserfahrung, lustigen Begebenheiten und einer Extraportion Glück. Wenn Ihnen dieses Buch ein wenig Mut macht, Sie inspiriert oder Ihnen einfach nur Freude bereitet, würde mich das sehr freuen.

Mit herzlichen Grüßen
Muriel Baumeister

Heimat

Heimat ist für mich ein Wort, das nach Fülle schmeckt, nach Sonnenstrahlen und nach Extrawurst. Daheim riecht wie frische Wäsche, die auf einer Leine quer durch den Garten im Abendwind flattert. Der Tagesablauf richtet sich danach, ob der Postbote schon da war oder nicht, und wenn nicht, dann ist es auch egal! Heimat fühlt sich danach an, die knusprigen Reste von einem Kuchenblech zu kratzen oder die Kompottschüssel bis zum Boden zu leeren. Daheim fühle ich mich im wahrsten Sinne des Wortes genährt und rundum zufrieden.

Meine Heimat ist Österreich, genauer gesagt das Salzburger Land. Wir sind dort in unser Haus auf einem Berg gezogen, als ich etwa sechs Jahre alt war. Ich liebe es und kehre bis heute so oft wie möglich dorthin zurück – am liebsten im Sommer, um mal wieder etwas Heimat nachzutanken. Eine ordentliche Portion Salzkammergut im Herzen lässt mich den gefühlt sechs Monate dauernden grauen Winter in Berlin besser überstehen, wo ich seit dem Millenium lebe.

Ich stamme aus einer Künstlerfamilie. Meine Mutter ist Tanzpädagogin für Modern Dance an der Universität Mozarteum in Salzburg. Tanzen ist ihre große Leidenschaft, auch heute noch unterrichtet sie, mit über achtzig Jahren. Sie hat außerdem mehrere Lehrbücher über das Tanzen geschrieben. Trotzdem oder gerade deshalb wollte sie nie, dass ich Ballettunterricht nehme. Vorwiegend aus gesundheitlichen Gründen. Ich sollte mir meine Wirbelsäule nicht kaputt machen. Stattdessen bekam ich Klavierunterricht – das sei besser für den Rücken! Doch obwohl ich als Kind sogar bei dem großartigen Komponisten Carl Orff auf dem Schoß saß und er mir das Ganze mit den weißen und schwarzen Tasten erklärte, war ich nur mäßig begabt. Ich habe lieber gesungen.

Mein Vater war Schauspieler an den Münchner Kammerspielen und hat in den Siebzigerjahren mit den Großen seiner Zeit zusammengearbeitet. Der Dramatiker George Tabori hat mir damals einige Lebensweisheiten mitgegeben, die ich erst Jahre später hinterfragt habe. Zum Beispiel: »Nur im Gefühl liegt Wahrheit!« Wirklich? Ich finde, nur weil man etwas fühlt, ist es noch lange nicht wahr. Und vor allem darf das eigene Gefühl nie als Ausrede dafür benutzt werden, einfach zu tun, was man will – besonders wenn man damit anderen Menschen schadet. Aber dazu später mehr!

Meine Eltern lernten sich kennen, als meine Mutter einen Tanzkurs an der Schauspielschule gab, die mein Vater besuchte. Er war fünf Jahre jünger als sie und stolperte selbstsicher trotz einem Loch im Socken in ihren Unterricht. Sie fand ihn einfach nur doof. Er war präpotent, gutaussehend und hatte eine große Klappe. Aber die beiden waren Seelenverwandte, verliebten sich und standen danach sämtliche Höhen und Tiefen miteinander durch. Sie waren so etwas wie ein Hippie-Glamour-Paar.

Meine Mutter ist wunderschön und sehr klug. Wir sind so eng verbunden wie siamesische Zwillinge. Eine Seele auf zwei Körper verteilt. Sie leiht sich sogar heute noch Sachen von mir. Letztens hat sie in Singapur unterrichtet und fragte mich, ob ich ihr vor dem Abflug meinen Trenchcoat schicken könnte. »Den ziehst du doch sowieso nicht mehr an, Liebes«, war ihr Argument. Um mir direkt zu sagen, dass mir besagter Mantel gar nicht mehr passt, ist sie viel zu höflich. Und selbstredend hat sie als gebürtige Österreicherin den Schmäh im Blut – eine der wichtigsten Qualitäten, die sie mir vererbt hat. Was es damit auf sich hat? In Salzburg bekommt man zum Schwätzchen mit dem Fleischer oder beim Plausch mit der Kuchenfrau im Kaffeehaus den sagenumwobenen Schmäh immer gleich mitgeliefert. Der Schmäh ist unser Kulturgut, der größte österreichische Exportschlager nach Falco. Er ist wie ein schelmischer kleiner Kobold, der dir im Nacken sitzt und dir nett verpackte Gemeinheiten ins Ohr flüstert. Der Schmäh ist ein Augenzwinkern, ein verschmitztes Lächeln, das die Kommunikation immer mit genau der richtig dosierten Mischung aus Flirt und Provokation würzt. Ich habe den Schmäh mit der Muttermilch aufgesogen und werde ihn hoffentlich nie verlieren. Danke, Mama!

Mein Vater stammte aus dem Frankenland. Er war blond, blauäugig, ein sehr attraktiver, charmanter Mann. Sich nicht in ihn zu verlieben, war ein Ding der Unmöglichkeit!

Zusammen waren meine Eltern ein unschlagbares Paar, das Brangelina locker in den Schatten gestellt hätte. Als ich klein war, waren beide beruflich viel unterwegs. Mein Vater mehr als meine Mutter, weil er immer neunzig Minuten mit dem Auto nach München zu seinen Vorstellungen fahren musste. Theater und Film habe ich deshalb in meiner Kindheit nicht wirklich gemocht. Das waren Störfaktoren, die das Familienleben beeinflussten. Da meine Eltern auch ein sehr leidenschaftliches und bisweilen konfliktreiches Paar waren, war es mir allerdings ganz recht, viel mit meiner Mutter allein zu sein. Vielleicht haben wir auch deshalb diese ganz spezielle Verbindung.

Wenn meine Eltern nicht zu Hause waren, passte meine Oma Anna, die Mutter meines Vaters, oft auf mich auf. Ich liebte sie über alles. Sie war eine wahrhaft weise Frau und sagte oft: »Der liebe Gott hat einen bunten Garten!« Das bedeutet so viel wie: Alles ist möglich, und es muss alles geben! Neben der stolzen Rose blüht vielleicht ein Unkraut. Eine schöne Blüte kann sich als eine Giftpflanze entpuppen, manche Saat geht auf, und manche Pflanze verkümmert. Diesen philanthropischen Pragmatismus habe ich von Oma Anna adoptiert. Ich bin in meinem Leben mit vielen glücklichen Ereignissen und wunderbaren Menschen gesegnet worden, habe aber auch viel Leid, Missgunst und giftige Zeitgenossen ertragen müssen.

Alles hängt zusammen und befindet sich in Balance. Kein Licht ohne Schatten. So ist das Leben!

Unser Familienhaus im Salzkammergut steht in solch einem bunten Garten ganz oben auf einem Berg. Mein Jugendfreund brauchte damals eine ganze Stunde, um auf unseren Hausberg hinaufzukraxeln, wenn er mich besuchen wollte. Das nenn ich mal Einsatz! Übrigens, selbst die Berge in Österreich haben diesen gewissen Schmäh. Sie sind majestätisch, aber freundlich. Nicht so spitz und bedrohlich wie die Gebirge in der Schweiz. Achten Sie mal darauf! Vielleicht liegt mir unser Haus auch deshalb so am Herzen, weil ich meinem Vater bei der Entdeckung dieses Kleinods nach langer Suche als Komplizin zur Seite stand.

Das Ganze trug sich nämlich so zu: Im Sommer 1979 fuhr ich mit meinem Vater jedes Wochenende über Land, auf der Suche nach einem »Austragshäusl«. So nennt man ein kleineres, separates Wohnhaus neben dem Haupthaus auf einem Bauernhof. Findet auf dem Hof ein Generationenwechsel statt, ziehen die Eltern meist in das Austragshäusl und überlassen der jungen Familie das Hauptgebäude mit allem nötigen Freiraum. Keine schlechte Idee! Eben solch ein Austragshäusl wollte mein Vater kaufen. Auf dem Land muss man für so was einfach losfahren und sein Glück versuchen. Da hilft kein Immobilienmakler. Meine Mutter hatte keine Lust, auf die Pirsch zu gehen, ihr war das zu viel. Aber mein Vater und ich, wir stellten uns der Aufgabe. Leuten ein gutes Gefühl geben, in den Schuhen des anderen gehen, um eine gute Verhandlungsbasis zu schaffen – das konnten wir! Zusammen waren wir das Haus-Such-team.

In Papas dunkelbraunem Käfer-Cabrio mit offenem Verdeck machten wir uns Wochenende für Wochenende auf den Weg – von Gehöft zu Gehöft, um mit den Bauern zu sprechen. Es waren verheißungsvolle Tage, und Abenteuer lag in der Luft. Vor der Abfahrt kauften wir uns oft Leberkässemmeln beim Fleischer, und ich bekam eine Fanta, was meine Mutter nicht wissen durfte. Als Mitstreiterin der 68er-Bewegung war sie eine Vorreiterin der ersten Bio-Welle, und Fanta war natürlich ein No-Go! Das blieb also ein Geheimnis zwischen meinem Papa und mir. Er saß am Steuer und ließ sich den Sommerwind um die Nase wehen, während ich auf der Rückbank *Asterix*-Comics las und Butterkekse knabberte, von denen ich mir einen Vorrat unter der Fußmatte angelegt hatte. Dann streckte ich meine Hand nach draußen, um sie im Fahrtwind zur Melodie von Cat Stevens' *Where Do the Children Play* tanzen zu lassen.

Immer wenn wir ein passendes Haus erspähten, hielten wir an, und mein Vater ließ bei den Bauern seine Verhandlungsmuskeln spielen. Dabei floss jede Menge Alkohol. Auf dem Land ist das ja durchaus üblich. Um jedoch bei den feucht-fröhlichen Geschäften einen klaren Kopf zu bewahren, hatte mein Vater einen cleveren Trick auf Lager: Wie im Western kippte er die kleinen Gläser mit dem Vogelbeerschnaps heimlich unter dem Tisch aus. So blieb er stets im Vorteil. Natürlich war er als Schauspieler sehr wortgewandt und emphatisch. Er hatte es wie kaum ein anderer drauf, Leute zu bezirzen.

Ich begleitete ihn jedoch nicht nur zum Spaß. Nein, ich hatte einen extrem wichtigen Geheimauftrag! Mein Vater und ich hatten ein spezielles Zeichen ausgemacht. Wenn er bei den Verhandlungen mit einem Bauern nicht vorankam, zog er mich unauffällig am Zopf, und ich spielte meine erste Rolle – das Cliffhanger-Kind!

»Du, Papa, ich bin schon so müde, können wir langsam los?«

»Ja, natürlich.« Und an den Bauern gewandt entschuldigte er sich: »Wir reden morgen weiter, ja?«

So hatte er eine gute Ausrede, um aufzubrechen und einen neuen Termin zu vereinbaren. Der Deal war damit nicht gestorben – nur vertagt. Wir waren wie Bonnie und Clyde, eingeschworene Partner. Zwischen uns lag ein stillschweigendes Einverständnis. Wenn man sich liebt, braucht man keine Worte.

Nach etwa einem Jahr wöchentlicher Ausflüge und vergossener Vogelbeerschnäpse wurde unsere Mission schließlich von Erfolg gekrönt: Wir fanden ein Austragshäusl in Neumarkt am Mattsee. Nachdem wir es den Bauern vor Ort abgekauft hatten, wurde es Balken für Balken abgetragen und auf unserem Berg im Salzburger Land wiederaufgebaut. Mit Freude beobachtete ich die Zimmermänner und Ofensetzer, die unser Heim nach und nach scheinbar aus dem Nichts heranwachsen ließen. Dieses Bild hat sich ganz tief in mein Unterbewusstsein eingebrannt. Ich habe gelernt, was man schaffen kann, wenn man seine Arbeit liebt und respektiert. Seitdem habe ich eine tiefe Bewunderung fürs ehrliche Handwerk. Nach einigen Wochen war unser Holzhaus fertig, ganz oben auf unserem Berg. Da steht es bis heute und trotzt jedem Sturm und jeder Schiefwetterlage. Es ist der Inbegriff von Geborgenheit, die Gebäudifizierung von Lebensglück – einfach mein Ein und Alles.

Ich bin so verbunden mit diesem Haus und diesem Land, dass ich immer versuche, ein Stück Heimat bei mir zu tragen, egal, wohin es mich verschlägt. Denn es ist ja nicht nur ein Ort, den man zurücklässt, sondern auch ein Stück seiner selbst. Die Muriel, die ich in Österreich bin, die bin ich sehr gern! Das ist mein Kern, meine Kindheit und meine Bodenhaftung. Meine Cousine schickt mir deshalb regelmäßig ein besonderes Raumspray aus der Heimat, das nach unserem Haus duftet. Nach Marillen und frischem Gras. Solche Souvenirs sind wie kleine Gefühlsbrücken zu einem früheren Ich, das vielleicht doch noch ganz tief in einem schlummert. In jedem Fall sind sie Seelenpflaster, die helfen, wenn es mal holprig wird.

Ein anderes solches Seelenpflaster wandert regelmäßig in meinen Magen. Denn auch gutes Essen ist natürlich Futter für die Seele! Mein Lieblingstier heißt Schnitzel, und es wohnt in Wien. Die österreichische Küche wäre ohne Fleisch ja gar nicht existent. Ein original Wiener Schnitzel wird aus Kalbsfleisch gemacht – lassen Sie sich bitte nichts anderes vorsetzen. Es sollte dünn geklopft sein, am besten in einer Tüte mit Zipverschluss, damit die Fasern nicht zerstört werden. Und ganz wichtig: Es muss in Schmalz gebraten werden, ja, es muss richtig darin schwimmen, damit die Panade am Ende ordentliche Wellen schlägt. Nur dann ist es ein Original. In diesem Punkt bin ich sehr patriotisch. Ich koche sehr gern, das habe ich von meinem Vater gelernt. Seine Lieblingsgerichte sind sowohl in der Zubereitung als auch im Genuss sehr nährend, für Körper und Geist. Sein Gulaschrezept dauert fünf Stunden, und die wichtigste Zutat ist Liebe. Als das Gulasch neulich bei mir zu Hause auf dem Gasherd köchelte, meinte meine kleine Tochter: »Rühr noch mal um! An der Stelle ist mehr Liebe als da.«

Ganz viel Liebe steckt übrigens auch in meinem Dirndl von daheim. Ich ziehe es jedes Mal zum Spaß an, wenn ich in Berlin wählen gehe. Die Wahlhelfer freuen sich dann, wenn sie mich sehen, und begrüßen mich schon von Weitem mit »Servus, Frau Baumeister!« Tatsächlich ist mein Dirndl mein allerliebstes Kleidungsstück. In Österreich trägt frau das auch im Alltag. Hierzulande wirkt es hingegen oft ungewollt volkstümlich, dabei schmeichelt die Tracht der weiblichen Figur und unterstreicht ihre Vorzüge. Ein Dirndl steht einfach allen und ist die schönste Uniform, die es gibt. Sie zeigt, wo du herkommst, und gibt sogar Auskunft über den Familienstand. Das hat mir meine Oma Anna beigebracht: Sitzt die Schleife vorn rechts, ist die Frau vergeben, vorn links bedeutet, sie ist Single, und bei einer Witwe ist die Schleife hinten in der Mitte gebunden. Ist doch total praktisch! Mein Dirndl ist ein Blaudruck-Modell und stammt aus dem Flachgau. Das Mieder ist dunkelblau und mit weißen Ornamenten bedruckt. Dazu trage ich eine weiße, tief ausgeschnittene Bluse und einen roten Rock. Der Blaudruck ist ein Kulturerbe Österreichs. Mein allererstes Dirndl jedoch hatte meine Oma Anna selbst geschneidert, ungefähr zu der Zeit, als mein Vater und ich regelmäßig auf Haussuche gingen. Es war wunderschön, dunkelblau und mit silbernen Knöpfen versehen. Oma Anna hatte sogar die Jacke mit kleinen roten Blümchen bestickt. Diese Jacke haben später meine beiden Töchter getragen und waren dabei mindestens genauso so stolz wie ich damals. Ein Dirndl geht eben einfach immer. Du ziehst es nicht an – es kleidet dich!

Ich bin Österreicherin durch und durch und verbringe deshalb auch heute noch jeden Sommer in der Heimat. Die Liebe zum Land dampft in unserem Haus an heißen Tagen aus allen Ritzen zwischen den Brettern. Die Zeit daheim ist nicht spitz an den Enden. Wenn ich im Sommer dort bin, sind die Tage leicht, so wie damals beim »Über-Land-Fahren«. Ich bade im Strandbad Mattsee, laufe barfuß zum Bäcker, der mir mein Sackerl Semmeln meist schon vorbereitet hat, und atme die frische Waldluft ein, bis meine Lungen fast platzen.

Wenn ich dann abends voll mit neuen alten Eindrücken nach Hause komme, lege ich mich in die Hängematte zwischen den beiden Lindenbäumen in unserem bunten Garten und lasse die Seele baumeln und mich vom Sommerwind durchpusten, bis mein persönlicher Speicher an Heimat wieder aufgeladen ist. Zuhause ist ein Ort, aber daheim ist ein Zustand – der beste Zustand auf der Welt.

Alien

Während mein Vater auf den Bauernhöfen Geschäfte machte, durfte ich mit den Bauernkindern spielen. Eltern machen sich das manchmal ganz schön leicht, wenn sie sagen: »Guck mal, da ist ein anderes Kind, geh doch mal spielen!« Dabei vergessen sie leider, dass diese anderen Kinder auch nur Menschen sind und man nun mal nicht automatisch mit jemandem klarkommt, nur weil derjenige ebenfalls noch nicht ausgewachsen ist. Das wäre so, wie wenn man einem Steuerberater sagen würde: »Guck mal, da ist ein anderer Steuerberater, geh doch mal rechnen!«

Die anderen Kinder fanden mich nämlich erst mal ziemlich merkwürdig. Dieses Künstlerkind mit der dicken Brille und den beiden Zöpfen, die quasi mein Signature-Look waren. Mode spielte in meiner Kindheit noch gar keine Rolle. Meinen Eltern war es relativ egal, wie ich rumlief. Ich trug oft braune Nicki-Pullis und dazu Schlaghosen. Volle Kanne Siebzigerjahre! Ich fand es chic, für die Kinder vom Land wirkte ich jedoch wie ein Alien. Ich sprach auch keinen richtigen Dialekt, da wir zuvor in Salzburg gelebt hatten, wo eine völlig andere Mentalität herrschte als auf dem Land. Hier hingegen waren die Menschen erdverbunden und im wahrsten Sinne im Landleben verwurzelt. Die Bauernkinder fütterten die Hühner und kannten sich mit Schweinemast aus, ich konnte den *Erlkönig* auswendig. Auf den Höfen lebten meist mehrere Geschwister zusammen, sodass die Bauernkinder immer in der Überzahl waren, während ich als Einzelkind allein dastand. Noch dazu waren wir protestantisch – und das in einer Katholikenhochburg.

Meine Andersartigkeit bekam ich direkt am ersten Schultag zu spüren. Ich kam ein ganz klein wenig zu spät in den Klassenraum, sodass nur noch ein Platz frei war, neben einem Jungen namens Andreas. Er war ein beleibtes Kind mit fettigen, schwarzen Haaren, roten Wangen und einem karierten Hemd. Die anderen Kinder kannten sich fast alle schon aus der Nachbarschaft oder dem Kindergarten. Ich war die Neue. Unsere Lehrerin Fräulein Schubert wies mir den Platz neben Andreas zu, der mich aus zwei kleinen Schweinsäuglein heimtückisch angrinste. Unter den neugierigen Blicken meiner Mitschüler ging ich aufgeregt zu ihm in die dritte Reihe, hängte meine Schultasche seitlich an die Schulbank und setze mich. Gerade als mein Hintern den Holzstuhl berührt hatte, gab mir Andreas mit voller Wucht eine Ohrfeige. »Damits'd glei mal weisst, wer da Mann im Haus is!« Ich war völlig geschockt und meine Lehrerin auch. Sie stotterte nur irgendwas von »G'schlogen wird net!«, aber setzte sich nicht wirklich für mich ein. Meine Wange glühte, und ich traute mich die ganze Stunde nicht, irgendetwas zu sagen. Am nächsten Tag durfte ich mich umsetzen. Andreas und ich wurden nie Freunde. Keine Ahnung, was aus dem »Mann im Haus« geworden ist.

Mit meinen direkten Nachbarskindern freundete ich mich später aber an. Sie brauchten eine Weile, um mich zu akzeptieren und in ihren Club aufzunehmen, aber dann waren wir unzertrennlich. Wir spielten Verstecken im Wald oder fuhren mit dem Fahrrad ins Strandbad Mattsee zum Baden. Wenn ich bei ihnen zu Besuch war, sahen wir oft fern. Das war für mich völlig faszinierend, weil ich das zu Hause so selten durfte. Meine Mutter sah das mit dem Medienkonsum damals schon relativ eng. Zum Beispiel blieb die Flimmerkiste konsequent aus, wenn wir am selben Tag ins Kino gingen. Deshalb schaute ich oft heimlich bei den Nachbarn. Ich liebte eine Serie namens *Drei sind einer zuviel* mit Jutta Speidel und Thomas Fritsch. Darin geht es um zwei Männer, die um die gleiche Frau buhlen. Ich habe Jahre später mit den beiden gedreht und fand es so lustig, die Idole meiner Kindheit zu treffen.

Mittwochnachmittags schauten wir sehr gern die Sendung *Kasperltheater* im ORF 1. Verschiedene Puppenspielbühnen führten da ihre Programme auf, und man konnte bei einem Gewinnspiel, der *Kasperlpost,* mitmachen. Einmal schrieb ich dorthin und gewann ein Buch: ein Kinderlexikon der Biologie. Da soll noch mal einer sagen, Fernsehen bildet nicht. Wenn wir nicht gerade bei Fernsehgewinnspielen mitmachten, spielten wir mit Barbies. Meine Nachbarsmädchen hatten viele verschiedene davon, und sogar Barbiepferde! Ein Traum in Pink – und die rochen immer so gut. Ich liebte es, mit diesen kleinen rosa Plastikbürsten die Mähnen zu kämmen und dann Frisuren zu flechten, meistens die gleichen Zöpfe, die ich selbst trug. Ich hatte mir immer eine Barbie gewünscht, aber lange keine eigene bekommen. Meine Mutter fand das blöd. Wenn schon Bio, dann auch Feminismus! Doch da sie mich sehr liebte, erhörte sie eines Tages mein Flehen und brachte mir aus der Schweiz, wo sie viel arbeitete, nicht nur die Lindt-Schokolade mit den von mir heiß geliebten Schiebetafeln mit, sondern auch eine – wie sie sagte – Barbiepuppe. Sie hatte das am Telefon schon angekündigt, bevor sie zurückkam. Mein Herz hüpfte im Quadrat, so sehr habe ich mich gefreut. Ich stand aufgeregt am Fenster, starrte auf den Pflastersteinweg, der durch unsere wilde Wiese führte, und wartete sehnsüchtig auf meine Mutter. Nach einer gefühlten Ewigkeit, die in Wahrheit vermutlich etwa dreißig Minuten dauerte, war es endlich so weit! Schon von Weitem sah ich die orangefarbene Ente meiner Mutter die steilen Serpentinen zu unserem Berg hinaufbrausen. Als sie geparkt hatte, rannte ich ihr sofort entgegen, direkt in ihre weit ausgebreiteten Arme. Ich freute mich ja immer sehr, sie wiederzusehen, aber diesmal war es etwas ganz Besonderes. Sie ließ mich auch nicht lange zappeln und holte aus dem Kofferraum ein hübsch verpacktes Päckchen für mich. Ich konnte es nicht glauben! Schnell rannte ich ins Haus und riss voller Vorfreude das Geschenkpapier auf. Doch schon als ich den ersten Fetzen Papier in der Hand hatte, wurde ich stutzig: Rosa war die Verpackung zwar, die mir da entgegenleuchtete, aber die Schrift sah irgendwie anders aus, und die Puppe hatte ... dunkle Haare?! Mit Grauen musste ich feststellen: Das war keine Barbie, sondern eine Sindy – flachbusig und brünett! Ein billiger Barbie-Abklatsch und der totale Reinfall. Viel schlimmer, als ein Spielzeug nicht zu haben, ist es doch, das falsche Spielzeug zu haben! Ich fühlte mich beschissen und verraten. Meine Mutter kannte vermutlich nicht mal den Unterschied. Hätte ich sie aufgeklärt, wäre wahrscheinlich ihre Standardreaktion gekommen: »Aber wieso denn?« Außerdem freute sie sich so sehr, mir diese »Freude« zu machen, dass ich meine Enttäuschung einfach runterschluckte, dankbar lächelte und sie fest umarmte. Ich dachte, dass ich die Puppe vielleicht doch irgendwie als Barbie verkaufen könnte, und ging direkt zu meiner Freundin nach nebenan. Als ich ihr mit gespielter Begeisterung meine neue Errungenschaft unter die Nase hielt, durchschaute sie als erfahrene Barbiebesitzerin den Puppenschwindel sofort. Sie verschränkte die Arme vor der Brust, hob eine Augenbraue und sagte: »Wüst mi pflanz'n? Des is koa echte Barbie!« Und lachte mich aus. Doofe Sindy!

Fußstapfen

Mein Vater wollte nie, dass ich in seine Fußstapfen trete und Schauspielerin werde. Er hat mich zwar mit 14 Jahren zu meinem ersten Casting geschickt, aber das eigentlich nur, um mir zu zeigen, wie schwer dieser Beruf ist. Er wollte mich beschützen, vielleicht auch vor Enttäuschungen bewahren.

»Du schaust dir das jetzt mal an, damit du nicht auf die Idee kommst, es zu versuchen!«

Lustigerweise hatte ich zuvor gar nicht den Wunsch gehegt. Er löste also eine dieser sich selbst erfüllenden Prophezeiungen aus, die voll nach hinten losgehen.

Schuld an meiner Schauspielkarriere im Speziellen ist ein bestimmtes Foto. Es zeigt mich mit meiner damals etwa einjährigen Schwester Peri auf dem Arm vor unserm Haus. Dieses Bild schickte mein Vater nach München zur Bavaria, die für einen Kinofilm ein junges Mädchen suchten. Prompt wurde ich zum Casting eingeladen. Als Schauspielerkind wusste ich, wie ein Bühneneingang riecht, deshalb war ein Vorsprechen für mich nichts Besonderes. Die anderen etwa 350 Mädels saßen da gestriegelt und gebügelt mit ihren Eislaufmüttern im Wartezimmer der Produktionsfirma und übten fleißig ihren Text. Ich kam zu den Probeaufnahmen mit zwei verschiedenen Schuhen und hielt mich für eine verdammt coole Socke. War ich auch! Ich hatte diese kindliche Mir-doch-egal-Einstellung. Selbstbewusst setzte ich mich auf den Tisch und schnodderte meinen Text runter. Ich hatte rein gar nichts zu verlieren und strahlte genau das auch aus. So wurde ich tatsächlich für die Rolle besetzt!

Der Film scheiterte schließlich an der Finanzierung, und als zwei Jahre später die Bavaria wieder anrief, um mich für eine Familienserie namens *Ein Haus in der Toscana* zu casten, hatte ich erst überhaupt keine Lust. Ich dachte, das klappt doch sowieso wieder nicht. Mittlerweile war ich 16 Jahre alt, Schulsprecherin und ein bisschen rechthaberisch. Ich hatte mich echt hochgearbeitet seit den Tagen in der Volksschule, als ich die Neue war. Ich ging auf das Musische Gymnasium in Salzburg, hatte viele Freundinnen und gehörigen Einfluss auf die anderen Schülerinnen. Eines Tages nahm mich die Direktorin zur Seite und sagte: »Muriel, könntest du bitte aufhören, Absatzschuhe zu tragen? Das machen dir alle nach. Und wir haben doch neues Parkett!«

Da ich manchmal ein klein wenig trotzig bin, machte ich auf dem Absatz kehrt und ging doch zum Vorsprechen für *Ein Haus in der Toscana*.

Es wurde eine Schauspielerin für die Rolle der Bea Donner gesucht, ein junges Mädchen, das mit ihrer Familie nach Italien auswandert. Die Regisseurin war die gleiche wie bei dem Kinoprojekt, aus dem nichts geworden war. Sie hatte mich noch in guter Erinnerung und den Produzenten meine ersten Probeaufnahmen gezeigt. Ich wurde wieder nach München eingeladen, aber musste dieses Mal überhaupt keinen Text vorbereiten. Im Grunde wollten sie mich nur mal kennenlernen. Wieder war ich die Ruhe selbst. Ich hatte ja nichts zu verlieren und überhaupt keinen Zugzwang. Schauspielerin – das war nicht mein erklärter Berufswunsch. Und dennoch bekam ich den Job!

Ein Jahr lang sollte ich ohne meine Eltern in der Toskana die erste Staffel drehen. Wie meine Mutter das mitgemacht hat, weiß ich bis heute nicht! Mein Vater hat mir das aber zugetraut, außerdem war auch ein Kollege dabei, den er gut kannte, deshalb durfte ich tatsächlich mit meinen 16 Jahren für ein Jahr nach Italien auswandern. Ich hatte nicht mal einen Lehrer am Set. Trotzdem lernte ich nebenbei und schrieb irgendwie meine Schularbeiten. Die Schule unterstützte das zum Glück. Da es ein musisches Gymnasium war, wurden künstlerische Betätigungen gern gesehen.

Die Zeit in Italien stellte für mich eine doppelte Premiere dar. Zum ersten Mal arbeitete ich als Schauspielerin, und zum ersten Mal lebte ich ohne meine Eltern – und dann auch noch im Ausland! Die Filmcrew war meine Familie. Meine Maskenbildnerin und ihr Mann, der Dolly-Fahrer – das ist der Kamerawagen –, nahmen mich unter ihre Fittiche und waren wie Ersatzeltern für mich. Von dieser Maskenbildnerin habe ich den wichtigsten Schönheitstipp aller Zeiten bekommen: Immer abends abschminken! Ich habe heute noch eine Packung Abschminktücher unter dem Bett meiner kleinen Tochter liegen, sollte ich bei der Gutenachtgeschichte wegnicken.

So cool wie beim Vorsprechen war ich beim Drehen dann allerdings nicht mehr. Ich hatte ja gar keine Ahnung, wie das alles funktioniert. Das Team brachte mir die Grundlagen bei. Ganz rudimentäre Sachen wie: Was ist eine Marke und eine Kameraachse? Was verbirgt sich hinter einer Over-Shoulder- und einer amerikanischen Einstellung? Solche Fachbegriffe sagten mir Landei rein gar nichts. Da ich jedoch noch so jung war, durfte ich Fragen stellen und bekam alles erklärt. Ich durfte auch Lkw fahren, Ton angeln und Kabel putzen. Das Team nahm mich an die Hand und zeigte mir alles geduldig. Es war ein wenig wie betreutes Drehen.

An meinem ersten Drehtag legte der Dolly-Fahrer eine Schiene, auf der die Kamera fahren sollte, und ich fragte mit Blick auf das Metallschienensystem völlig naiv: »Reicht das denn überhaupt aus?«

Er schaute mich nur an und sagte: »Na gut, dann legen wir halt noch drei Meter mehr, Tweety!«

Ab diesem Moment hatte ich meinen Spitznamen weg. Zuerst einmal, weil ich so große Augen machte, aber ich war natürlich auch das Küken der Serie. Die Frage hatte ich überhaupt nicht böse gemeint, mir war ja auch nicht klar, wie viel Arbeit es macht, drei weitere Meter Schiene zu verlegen. Der Fahrer half mir dadurch aber sehr, weil ich als Schauspielerin noch viel zu unerfahren im Timing war. Durch die längere Schiene war eine längere Kamerafahrt möglich, und so hatte ich viel mehr Zeit, meinen Text unterzubringen, während ich lief. Alle waren wirklich sehr süß zu mir.

Ich sprach zwar keinen richtigen Salzburger Dialekt, aber meine Sprachfärbung war dennoch weit entfernt von Hochdeutsch. Der Tonmann Holger Gimpel hatte eine lustige Art, damit umzugehen. Er gab mir für jede richtig ausgesprochene Zeile ohne österreichischen Einschlag fünfzig Lira, was heute ein paar Cent entsprechen würde. Quasi als Taschengeld. Später bekam ich vom Team außerdem einen Tweety-Aufnäher auf meinen Setstuhl genäht.

Ich fühlte mich sehr wohl in meiner neuen Heimat, dem kleinen Ort Massa Marittima. Jeden Abend saßen wir im Restaurant Da Vanni, und ich trank eine Fanta – meine Mutter war ja weit weg. Im Restaurant hing sogar der Drehplan für den nächsten Tag aus. Da Vanni war unser Wohnzimmer. Die Zeit dort ist mir als glücklich, aufregend und voller herzenswarmer Menschen in Erinnerung geblieben. Ein bisschen wie ein einjähriges Ferienlager.

Im nächsten Jahr drehte ich die zweite Staffel und machte parallel dazu meine Matura. Keine Ahnung, wie ich das geschafft habe. Mit dem Abschluss in der Tasche schrieb ich mich für Soziologie an der Uni in Salzburg ein. Für ganze zwei Tage! Länger habe ich es zwischen all den Ökos in ihren Birkenstocks nicht ausgehalten – die ich heute lustigerweise selbst trage. Also brach ich ab und entschied mich nach meinem umfangreichen Studium für »was Richtiges«: Ich stürzte mich voll und ganz in die Schauspielerei!

Hamburg

Bei einem Dreh in München lernte ich wenige Jahre später meinen Schauspielkollegen Rainer kennen. Wir waren noch sehr jung und verliebten uns Hals über Kopf. Ich war gerade mal 21 Jahre alt, er kaum vier Jahre älter. Unsere Liebe war auch der Grund, warum ich nach Hamburg zog.

Ich war direkt schockverliebt in die Hansestadt und verbrachte dort eine goldene Zeit. Jedes Mal, wenn ich mit dem Zug nach Hamburg hineinfuhr, bekam ich beim Blick auf die Binnenalster regelrechtes Herzrasen. Und so geht es mir auch heute noch! Es kribbelt im ganzen Körper, und all die positiven Erlebnisse, die ich in Hamburg hatte und die in der Aura der Stadt abgespeichert sind, kommen wie Glücksglühwürmchen zu mir zurückgeflogen, sobald ich das Dammtor durchquere.

Nach nur einem Jahr dort wurde ich schwanger. Rainer und ich sprachen zwar ganz kurz darüber, ob das der richtige Zeitpunkt sei, aber wir merkten schnell, dass wir beide nicht über das »Ob«, sondern nur über das »Wie« redeten. Und so beschlossen wir, eine Familie zu gründen.

Während meiner Zeit in Hamburg wurde ich erwachsen. Ich lernte unglaublich viel, über mich, über Beziehungen, über meinen Beruf und das Muttersein. Mein Sohn wurde dort geboren und lernte bei unseren unzähligen Spaziergängen rund um die Alster das Laufen. Als ich vor Ort in Hamburg eine Serie drehte, nahm ich den Kleinen einmal mit zu einer Kostümprobe. Er war gerade zwei Jahre alt und erzählte auf dem Weg nach Hause den Leuten im Bus: »Meine Mama verdient ganz viel Geld, weil sie sich immer an- und auszieht.«

Kritisch musterten mich unsere Mitfahrer von oben bis unten. »Es ist nicht so, wie sie denken!«, klärte ich sie auf und lachte. »Ich bin Schauspielerin.«

»Aha.«

So ganz konnte ich ihre Skepsis wohl nicht aus dem Weg räumen. Kein Wunder, die Reeperbahn war ja gleich um die Ecke. Aber so sind die Hamburger nun mal. Ein bisschen derbe, aber mit dem Herz am rechten Fleck. Ich liebe Hamburg dafür, dass es einem mit seiner Seeluft unaufhörlich so herrlich das Oberstübchen durchlüftet. Wenn ich eine zweite Heimat neben Österreich habe, dann ist es Hamburg! Vielleicht liegt es daran, dass ich vom Sternzeichen Wassermann bin und mich deshalb am wohlsten in der Nähe von Gewässern fühle? Unser Nachbar in Hamburg war jedenfalls der Besitzer des Restaurants Bodos Bootssteg, wo wir oft essen gingen. Und manchmal fuhr uns Bodo danach am Abend mit seinem kleinen Motorboot über die Alster wieder nach Hause. Dieses Gefühl kann man nicht kaufen. Wenn die Möwen kreischten, sagte Rainer oft: »Hör mal, sie spielen unser Lied!«

Nachdem wir ein paar Jahre zusammen gewesen waren, flogen Rainer und ich einmal gemeinsam von Hamburg nach New York. Der Jetlag hatte mich noch völlig im Griff, und ich war total müde, als wir in unserem Apartment ankamen. Ich wollte einfach nur schlafen. Rainer aber schaute mich mit großen Augen an, und ich wusste, dass er etwas vorhatte. Er zauberte einen Ring aus seiner Hosentasche und fragte mich: »Willst du mich heiraten?«

»Ja!« – das wäre die passende Antwort gewesen. Ich liebte ihn über alles, wir hatten ein gemeinsames Kind, und ich wollte immer schon verheiratet sein. Zu jemandem gehören, eine Familie sein, das stand ganz oben auf meiner Lebensliste. Ich war jedoch so fertig von der Reise, dass ich einfach nur sagte: »Können wir da morgen drüber reden?«

Ich wollte meinen Heiratsantrag schließlich bei vollem Bewusstsein erleben und nicht so zwischen zwei Zeitzonen. Am nächsten Morgen fragte Rainer mich erneut, und ich schaute mir den Ring zum ersten Mal richtig an. Er war von dem Designer Theodor Fahrner, einem der Pioniere des Jugendstilschmucks. Rainer wusste, wie sehr ich Jugendstil liebe. Dieses spezielle Model war jedoch nicht so ganz nach meinem Geschmack. Mit Blick auf den Ring sagte ich daher nur: »Interessant!«

Meine Reaktion erinnert mich heute ein wenig an die Sindysituation damals in meiner Kindheit. Rainer packte den Ring sofort wieder ein, und ich bekam einen anderen. Er hatte es echt nicht leicht mit mir. Aber natürlich sagte ich Ja, und wir veranstalteten bald eine wunderbare Hochzeit auf dem Land in der Nähe von München. Drei ganze Tage feierten wir ununterbrochen. Selbst meine Oma Anna blieb wach bis morgens um drei und ließ sich ihr Champagnerglas immer wieder auffüllen. Auch heute noch erinnere ich mich sehr gern an unsere Hochzeit. Obwohl wir uns später scheiden ließen, gehört Rainers und mein Liebesfest zu den größten Glücksmomenten meines Lebens. Es ist für immer ins Universum eingraviert. Unsere Verbindung war und ist es wert, richtig groß gefeiert zu werden. Er ist einer meiner Lebensmenschen und bis heute mein bester Freund.

Als ich Jahre später aus Hamburg wegziehen musste, war ich so unendlich traurig, dass Rainer mir ein Straßenschild vom Hofweg klaute, wo wir gewohnt hatten. Das habe ich immer noch in meiner Wohnung hängen. Es ist eine dieser Gefühlsbrücken zu meinem Hamburg-Ich.

Eine neue Rolle

Mutter – es gibt kaum einen Begriff, der so viel beinhaltet, so viele Assoziationen und Erwartungen hervorruft. Es ist ein Prädikat, das eine Frau bekommt, die ein Kind geboren oder adoptiert hat. Selbstverständlich sind die circa 178 Millionen Mütter auf unserem Planeten alle unterschiedlich. Und das sollte eigentlich auch alles sein, was es dazu zu sagen gibt. Doch leider ist da dieser enorme Druck von der Gesellschaft, von Wissenschaft und Wirtschaft, von Männern, anderen Frauen, finanziellen Institutionen und nicht zuletzt der Werbeindustrie, die sich alle in etwas einmischen, wo es gar keiner Einmischung bedarf!

Mütterlich zu sein, bedeutet für mich, einem kleinen Menschen Fürsorge und Empathie zu schenken und ihn so gut wie möglich auf das Leben vorzubereiten. Auch das Loslassen gehört dazu, also sich selbst und die eigene Mutterrolle nicht allzu ernst zu nehmen, sondern möglichst selbstlos zu lieben. Eine andere sehr schöne Definition, die ich mal irgendwo gelesen habe, besagt: »Eltern sein bedeutet, sehr oft aufzustehen, nachdem man sich gerade hingesetzt hat.«

Mein erstes Kind bekam ich mit 21 Jahren. Rainer hatte zum Zeitpunkt des errechneten Geburtstermins gerade ein Theaterengagement in Frankreich. Für mich war es in Ordnung, dass er wahrscheinlich bei der Geburt nicht dabei sein konnte. Ich fuhr nach Österreich zu meiner Mutter und hatte damit ja Hilfe. Als unser Sohn zehn Tage nach dem Termin immer noch keine Anstalten machte, auf die Welt zu kommen, sollte die Geburt eingeleitet werden. Meine Gynäkologin in Salzburg ist die Mutter einer Schulfreundin, welche dann Rainer anrief.

»Also, wenn du irgendwie doch kommen kannst – morgen ist es so weit!«

Das ließ Rainer sich nicht zweimal sagen. Er überredete das Theater, ihm freizugeben, und wollte sofort zu mir. Dummerweise fand in Frankreich aber gerade ein Flughafenstreik statt. An diesem Tag ging nur noch eine einzige Maschine nach Wien, und die war völlig ausgebucht. Aber mein Mann, eloquent wie er ist, überzeugte den Piloten: »Ich muss in dieses Flugzeug! Ich krieg ein Baby!« Also nahmen sie ihn tatsächlich mit, auf einem Sitz, der eigentlich für die Stewardessen bestimmt war. Sobald er in Salzburg ankam, wurde die Geburt eingeleitet, und dreieinhalb Stunden später war unser Sohn auf der Welt.

Ihn das erste Mal im Arm zu halten, war unbeschreiblich. Ich wusste, dass von nun alles anders sein würde. Ich könnte nie wieder die Gleiche sein wie zuvor. Diese neue Rolle würde ich nie wieder ablegen, solange ich lebte. Die tiefe Liebe einer Mutter zu einem Kind ist die größte Macht im Universum. In dieser Sekunde verstand ich plötzlich alles. Ich wusste, was meine Mutter für mich empfand und Oma Anna für meinen Vater. Es ist vielmehr eine Gewissheit, eine unumstößliche Wahrheit als ein Gefühl: Ich spürte ganz deutlich, dass von nun an mein Herz außerhalb meines Körpers schlagen würde.

Die Goldene Kamera

Horst Tappert, also Derrick persönlich, war es, der mir den Nachwuchspreis der Goldenen Kamera, die Lilli-Palmer-Gedächtniskamera, überreichte. Ich war 22 Jahre alt und noch ganz schön grün hinter den Ohren. Als ich erfuhr, dass ich diese Auszeichnung erhalten sollte, fragte ich: »Ach, und wird Lilli Palmer den Preis auch persönlich übergeben?« Zum Glück habe ich das vorher noch klären können und nicht auf der Bühne gefragt!

Natürlich war ich wahnsinnig aufgeregt. Ich trug ein schwarzes Prada-Kleid, hatte raspelkurze Haare und war zutiefst dankbar. Meine Rede war schlicht und ehrlich:

»Ich stehe hier heute, habe ein gesundes Kind, bin mit dem Mann zusammen, den ich liebe, und werde für meine Arbeit ausgezeichnet. Vielen Dank.«

Genau so war es. Nach relativ kurzer Zeit als Schauspielerin erfuhr ich diese tolle Wertschätzung, und auch privat war ich rundum glücklich. Was wollte ich mehr?

Es gibt ein Foto von diesem Abend, das mich mit den Grandes Dames Catherine Deneuve und Isabella Rossellini zeigt, die ebenfalls eine Goldene Kamera gewannen. Obwohl meine Mutter im Publikum gesessen hatte, fragte sie mich später mit Blick auf dieses Foto: »Was machst du denn da?« So merkwürdig und surreal erschien ihr das. Aber mir ja auch! Ich war sehr stolz und voller Demut, wusste aber auch, dass die Schauspielerei nur ein Teil meines Lebens war. Nach der Veranstaltung ging ich nach Hause und legte mich noch im Abendkleid neben mein schlafendes Baby ins Bett. Dem war es völlig egal, dass da Deutschlands hoffnungsvollste Nachwuchsschauspielerin neben ihm lag.

Für ihn war ich nur »die Frau, die mir Milch gibt und mich knuddelt«.

Mein Vater kam an diesem Abend nicht zur Preisverleihung. Er wollte nicht. Obwohl er es ja war, der mich damals bei meinem ersten Casting angemeldet und mich so unfreiwillig auf den Weg der Schauspielerei geschickt hatte. Als ich dann dafür geehrt wurde, wollte er davon nichts wissen. Bühnenschauspiel war für ihn die wahre Kunst. Film fand er immer oberflächlich. Und ich glaube, er hielt mich anfangs auch nicht für besonders gut. Jedenfalls hat er sehr lange gebraucht, um mich als Schauspielerin zu akzeptieren. Aber ich wäre nicht die Tochter meines Vaters, wenn ich nicht auch seinen Dickschädel geerbt hätte. Trotz seines Ressentiments oder vielleicht gerade deshalb machte ich mir diese Kunst zu eigen, sammelte meine ganz persönlichen Erfahrungen und erspielte mir alle meine Rollen selbst. Natürlich hatte ich Unterstützung von meiner Mutter, von Kollegen und Mentoren, aber eben nicht von meinem Vater. Das hat mir viele Jahre lang wehgetan. Es ist schwer, in die Fußstapfen von jemandem zu treten, der nicht will, dass man ihm folgt.

So gut wie möglich

Ich glaube nicht, dass es irgendeine Mutter gibt, die alles richtig macht. Wie soll das gehen? Mütter sind auch nur Menschen und haben Sorgen, mal einen schlechten Tag oder eigene Ängste. Der Pädagoge Pestalozzi hat das ganz gut auf den Punkt gebracht: »Eltern müssen nicht perfekt sein, nur gut genug!«

Als Mutter bin ich sehr warm und aufmerksam. Ich gehe selbstverständlich mit Kindern um und nehme sie ernst. Ihre Bedürfnisse sind ebenso wichtig wie meine. Sie haben deshalb altersgerecht ein Mitspracherecht, bei allem, was sie oder unsere Familie angeht. Ich entscheide nicht über ihren Kopf hinweg. Ich bin fürsorglich, aber keine Helikoptermutter. Ich muss nicht drei volle Mahlzeiten und eine Bilderbuchbibliothek mit auf den Spielplatz schleppen. Wenn ich mal Sagrotantücher dabei habe, ist das schon viel. Ich lasse meinen Kindern Freiraum zum Ausprobieren und dafür, eigene Fehler zu machen. Sie sollen ja selbstbewusste Individuen werden. Aber wenn sie fallen, bin ich da!

Weil Rainer und ich so jung Eltern wurden, waren wir auf diese glückliche Weise unbedarft. Wir machten uns keinen Stress, sondern vertrauten uns und lernten das Elternsein gemeinsam durch Ausprobieren und Bessermachen. Das war eine liebevolle und warmherzige Zeit. In Hamburg hatte ich viele Freundinnen, die ebenfalls kleine Kinder hatten. Im Sommer saßen wir oft abends zusammen auf der Terrasse und tranken Champagner. Wir stießen leise an, denn drinnen schliefen die Kinder. Es war einfach herrlich, das Beste aus beiden Welten. Wir hatten das Gefühl, das hatten wir uns verdient, und hey – was kostet die Welt?

Ich fühlte mich aufgehoben und umsorgt und konnte ganz in Ruhe in meine Mutterrolle hineinwachsen. Und ich hatte natürlich auch Hilfe, und das nicht nur von meinem Mann. Weil wir beide sehr viel arbeiteten, haben wir eine Kinderfrau für unseren Sohn angestellt. Sie war eine waschechte Hamburgerin und eine wahre Perle. Ihren Einfluss auf meinen Kleinen merkte ich dann ganz deutlich, als er mich mit drei Jahren in astreinem Norddeutsch fragte: »Mama, wo iss'n mein Robotä?«

Direkt hinter unserem Haus im Hofweg gab es einen Spielplatz, auf dem eine ältere Frau die Kinder hütete. Sie hieß Rita. Für zwei Mark konnte man sein Kind bei ihr für eine Stunde abgeben, um mal einkaufen zu gehen oder so, und Rita hat dann aufgepasst. Beim Abholen gab's für jedes Kind eine Tüte Gummibärchen. Ich habe meinen Sohn oft bei ihr gelassen. Der fand das super. Heute würde man vermutlich von so einer Rita erst mal ein polizeiliches Führungszeugnis, den Nachweis über einen Erste-Hilfe-Kurs und einen Aidstest verlangen. Das verstehe ich auch irgendwie. Ich würde meine kleine Tochter heute auch nicht mehr allein auf einen Spielplatz lassen. Aber ich frage mich, ob diese ganze übervorsichtige Erziehung unseren Kindern nicht auch ein wenig die Kindheit vermiest.

Denn tatsächlich: Als ich aufgewachsen bin, hat keiner nach uns geguckt. Wir haben auf den Bauernhöfen in der Nachbarschaft gespielt und waren wieder zu Hause, wenn es dunkel wurde. Da kam niemand mit einer GPS-Uhr, Lunchpaket und der ständigen Bitte: »Zieh dir mal 'ne Jacke an!«

Meine Mutter, so sehr sie mich auch liebte und immer noch liebt, hätte für mich niemals ihr eigenes Leben aufgegeben, und dafür bin ich ihr dankbar. Sie war mir ein Vorbild, als starke Frau und Künstlerin, die ihren Traum lebte und noch heute lebt. Deshalb kam es für mich auch gar nicht infrage, meinen Beruf aufzugeben, nur weil ich plötzlich ein Kind hatte. Eine fest angestellte Kinderfrau war in dieser Situation natürlich ein großer Luxus, den ich auch zu schätzen wusste. Heute, bei meiner Jüngsten, habe ich das nicht mehr. Auch deshalb, weil ich es mir finanziell nicht mehr leisten kann. Das ist schon etwas ganz anderes jetzt. Ich kann nicht mehr spontan ins Kino oder abends essen gehen, und auch wenn ich arbeite, muss ich jedes Mal eine Betreuung organisieren. Zum Glück bekomme ich viel Unterstützung aus dem Freundeskreis und auch von den Vätern meiner Kinder. Ich habe solche Hochachtung vor den Frauen, die wirklich alleinerziehend sind. Und dann vielleicht noch mit einer unzureichenden Ausbildung und drei Kindern, um die der Vater sich rein gar nicht kümmert. Hut ab, wer das hinbekommt! Es braucht ein Dorf, um ein Kind großzuziehen. Allein ist eine Mutter oder ein Vater da völlig aufgeschmissen.

Deshalb finde ich dieses Mütter-Bashing, das oft online sowie offline stattfindet, dieses Lästern über andere, nur um sich selbst besser zu fühlen, auch völlig zum Kotzen! Jeder hat eine Meinung zum Muttersein und das Bedürfnis, sie mitzuteilen. Dabei gibt es doch nichts Privateres als die Beziehung zum eigenen Kind. Ich traf neulich eine Freundin mit ihrem neugeborenen Baby und sagte: »Ich stell dir mal nicht die drei üblichen Fragen.« Sie war sehr erleichtert. Dieses ständige: Schläft es durch? Stillst du noch? Oder: Warum stillst du nicht mehr? – Das geht doch niemanden etwas an! Genauso Mütter, die Schwangeren ihre eigenen Horrorgeschichten von der Geburt erzählen – das ist so taktlos!

Fürs Muttersein gibt es keinen Lehrplan. Jedes Kind, jede Frau und jede Familiensituation ist anders. Ein Kind kommt nicht als Prototyp inklusive Gebrauchsanweisung auf die Welt. Die Beziehung zu seinem Nachwuchs muss man sich erarbeiten und manchmal auch erkämpfen. Dennoch ist es Müttern gesellschaftlich untersagt zu scheitern. Ich stimme da eher Samuel Beckett zu, der sagte: »Scheitere besser!« Nur so lernt man schließlich – durch Versuch und Irrtum. Wir können alle nur versuchen, so gut wie möglich zu sein. Denn wir sind – so sehr wir uns auch bemühen – zu jedem Zeitpunkt stets die beste Version unserer selbst. Und nicht die perfekte Version. Das musste ich erst mal lernen zu akzeptieren, nachdem ich meinen Sohn bekommen hatte. Ich bin vielleicht nicht immer eine gute Mutter, aber ich bin die beste, die ich sein kann.

Puschelkullover

Wie kein anderes Besitztum sind Kleidung und auch Schmuck mit Gefühlen und der eigenen Geschichte verbunden. Ein schönes Möbelstück benutzt man vielleicht zwei Stunden am Tag, als Couchpotato vielleicht auch mehr – aber Kleidung trägt man rund um die Uhr. Man lädt sie mit der eigenen Energie auf und verbindet sich automatisch mit der Energie der Vorbesitzer. Deshalb würde ich Schmuck niemals secondhand kaufen. Man weiß ja nie, wer ihn vorher getragen hat und welche Geschichte damit verbunden ist. Wer gibt schon einen Tiffany-Verlobungsring ins Pfandleihhaus? Dieser Ring kann kein gutes Karma haben.

Durch Familienerbstücke allerdings verbinde ich mich sehr gern mit den Generationen, die mir vorangegangen sind. In meiner Familie gibt es ein Halswehtuch aus blauer Seide mit einem feinen Paisleymuster, das ursprünglich meiner Urgroßmutter gehörte. Jeder, der krank ist, bekommt es um den Hals gewickelt. Und das wirkt! Mindestens so gut wie Hühnersuppe.

Umso geschockter war ich deshalb, als mich beim Dreh zur Serie *Einsatz Hamburg Süd*, in der ich eine Kommissarin spielte, die echte Polizei anrief. In unsere Wohnung in Hamburg war eingebrochen worden. Ich sollte so schnell wie möglich kommen. In der Mittagspause fuhr ich rüber. Aus dem Wohnzimmer waren ein paar technische Geräte entwendet worden – das war halb so wild. Aber als ich ins Schlafzimmer kam, blieb mir fast das Herz stehen. Mein Schmuckkästchen war komplett ausgeräumt worden. Darin befand sich der gesamte Familienschmuck, den ich von meiner Oma Anna geerbt hatte. Ihre Ketten, Ohrringe, ihr Verlobungsring, diese unbezahlbaren Schätze – alles weg. Nur eine einzelne traurige Perle von einer Kette meiner Urgroßmutter lag noch auf dem dunkelroten Samt. Ich heulte Rotz und Wasser. Das war ein wirklich schlimmer Verlust. Nicht aus materiellen Gründen – das war meine Familiengeschichte, die mir da geklaut wurde!

Wenn ich im Sommer in der Heimat bin, trage ich auch immer ein langes Leinenhemd meines Großvaters. Ich habe ihn niemals kennengelernt, aber immer, wenn ich an ihn denke und ihn mir vorstelle, trägt er dieses Hemd. Genauso besitze ich auch ein Hemd meines Vaters, das ich zu den Geburten meiner beiden Töchter getragen habe. Da lebte mein Vater schon nicht mehr. Aber dieses Hemd hat mir ein Stück seiner Kraft gegeben. Ich fühlte mich umarmt von ihm. Irgendwie war er durch dieses Hemd bei mir – wenn auch nur in meiner Fantasie.

Eines meiner liebsten Kleidungsstücke, die ich jemals besessen habe, war ein schwarzer Rollkragenpullover aus Kaschmir mit schmalen Ärmeln und einem riesigen Kragen, der fast noch mal die gleiche Länge hatte wie der Pullover selbst. Dieser Pulli war mein Haus. Er wärmte mich, wenn ich fröstelte, und tröstete mich, wenn ich Liebeskummer hatte. War der Tag einmal richtig schlecht, trug ich den Pulli sogar nachts im Bett. Er war die stylischere und erwachsenere Version einer Schnuffeldecke, ein Kuschelpullover, oder wie meine kleine Tochter sagt: Puschelkullover.

Doch dann, eines Tages, habe ich ihn in einem Hotel liegen lassen. Ich wurde sehr früh zum Drehen abgeholt, hatte hektisch meinen Koffer gepackt und mein Seelenpflaster in Pullover-Form dabei einfach übersehen. Ich saß schon in der Maske, als es mir plötzlich dämmerte. Wie konnte ich nur? Panisch rief ich im Hotel an und bekniete die Rezeptionistin, nachzuschauen. Aber der Pullover tauchte nicht wieder auf. Vielleicht hat ihn eines der Zimmermädchen entführt, vielleicht war er aber auch böse auf mich, weil ich ihn verlassen hatte, und suchte sich eine neue Besitzerin. Jahrelang kam ich nicht darüber hinweg. Ich versuchte es mit anderen Pullovern, ging auch mit ihnen ins Bett, mit einem nach dem anderen, aber es war nicht dasselbe. Mein Puschelkullover war einzigartig. Wir hatten einfach viel zu viel gemeinsam erlebt. So etwas vergisst man nicht.

Bossa Nova

Die Goldene Kamera erhielt ich für die Fernsehserie *Ein Haus in der Toscana* und den Film *Schuld war nur der Bossa Nova*. Es geht darin um eine Jugendgang im Jahr 1963, um das Aufbegehren gegen die engstirnige Nachkriegsgesellschaft und ums Erwachsenwerden. Ich spiele in dem Film eine junge Friseurin, die von einem »Prollo«, also einem Proletarier, schwanger ist und sitzen gelassen wird. Mein Friseurkunde, gespielt von Benno Fürmann, heiratet mich dann schließlich, um mich vor der Schande eines unehelichen Kindes zu bewahren. Die Dreharbeiten machten einfach nur Spaß. Wir waren eine relativ kleine Gruppe Jungschauspieler – es gab damals noch nicht so viele junge Kollegen. Alle standen wir am Anfang unserer Karrieren, waren spielwütig, wild und abenteuerlustig. Es fühlte sich ein bisschen nach Klassenfahrt an. Wir waren alle im selben Hotel untergebracht, und es wurde extra ein Aufnahmeleiter abgestellt, um abends zu checken, dass jeder im eigenen Bett schlief. Es war Sodom und Gonorrhö.

Die Schlussszene, in der Benno und ich heiraten, drehten wir in einer wunderschönen alten Kirche mit dreihundert Komparsen und etwa fünfzig Schauspielern. Alles pompös mit einem Kamerakran und Hochzeitsmarsch. Benno hatte genauso wie ich keine Schauspielschule besucht. Er war vorher Türsteher im Nachtklub Dschungel in Berlin gewesen. Der Regisseur Bernd Schadewald hatte ihn von der Straße weg gecastet. Der Darsteller, der den Priester verkörperte, war ein echter Mensch des Glaubens und durfte nicht erfahren, dass meine Rolle schwanger war. Vielleicht weil wir das verheimlichen mussten, vielleicht auch, weil wir alle noch so unerfahren waren – jedenfalls standen Benno und ich vor dem Altar und bekamen jedes Mal, wenn dieser große, schwere Remote-Kran zu uns herunterschwenkte, einen heftigen Lachanfall. Und wieder auf Anfang. Hochzeitsmarsch, viele Gäste, der Kamerakran fährt zu uns – und bums! Wieder ein Lachanfall. Schuld war nicht der Bossa Nova, sondern unsere Unreife. Nach der 35. Klappe hatte der Dolly-Fahrer Bernd Meier die Schnauze voll. Er zitierte mich an den Dolly und sagte: »Jetzt setz ich mich mal da drauf, und du schiebst mich!« Das tat ich dann auch und bekam gehörigen Respekt. Das Ding war sauschwer, und es im richtigen Tempo zu schieben, sodass die Kamerafahrt im Film nachher elegant aussieht und genau getimt ist, ist ein Knochenjob. Danach hat keiner mehr gelacht. Spätestens an diesem Tag habe ich gelernt, meinen Beruf um einiges ernster zu nehmen.

Auch deshalb schätze ich bei Dreharbeiten alle Metiers. Ein Film ist eine Kollektivarbeit, die zwar von der künstlerischen Vision eines Regisseurs oder einer Regisseurin geleitet, jedoch von unzähligen Händen erschaffen wird. Schauspiel ist dabei ein ebenso wichtiges Element wie das richtige Licht, eine kreative Kameraführung oder die Kostüme. Nicht weniger, aber auch nicht mehr! Ich finde es faszinierend, was Beleuchterinnen, Ausstatter oder Bühnenbauerinnen so alles leisten. Für Schauspieler und Schauspielerinnen, die ans Set kommen und sich benehmen, als wären sie was Besseres, habe ich kein Verständnis. Sie haben unseren Beruf nicht verstanden und rücken uns in ein schlechtes Licht!

Jahre später habe ich in Erinnerung an Bernd Meier den Staffelstab weitergegeben und einen jungen Kollegen zusammengepfiffen, der sein getragenes Kostüm unachtsam zusammengeknüllt im Trailer liegen ließ. »Du hebst jetzt sofort deine Sachen auf und hängst sie an die Garderobenstange! Überleg doch mal, wie du das Kostüm heute Morgen vorgefunden hast!« Ich erntete nur verständnisloses pubertäres Augenrollen. Aber wer weiß, vielleicht habe ich ja auch ein wenig Eindruck hinterlassen.

Learning by doing

In der Serie *Ein Haus in der Toscana* habe ich hauptsächlich mich selbst gespielt. Ein junges Mädchen, das sich verliebt, Konflikte mit den Eltern hat und so weiter. Es gab nur eine Spielsituation, die weiter von meiner Alltagsrealität entfernt war. Meine Figur wurde entführt. Ich hatte ja keine Schauspielausbildung und wusste überhaupt nicht, wie man sich in eine Situation versetzt, in der man selbst nie gewesen ist. Also schrie und strampelte ich und spielte das nach, was ich in anderen Filmen gesehen hatte. Mit echtem Schauspiel hatte das noch wenig zu tun.

Nach der Goldenen Kamera kamen dann immer mehr Figuren, von denen ich nicht wusste, wie ich sie spielen sollte. Von da an hat mich die ganze Technik hinter dem Schauspielern wahrhaft interessiert. Ich hatte Blut geleckt. So ein richtiger Zusammenbruch mit Tränen oder auch Wut und Ohrfeigen, das ist ja erst mal peinlich. Als »normale« Menschen – was auch immer das ist – haben wir gelernt, unsere negativen Gefühle möglichst für uns zu behalten und eben keine Szene zu machen. Einer Schauspielerin sollte dagegen möglichst wenig peinlich sein. Ich arbeite permanent gegen gesellschaftlich akzeptiertes Verhalten an, um Charaktere in Extremsituationen darstellen zu können. Das erfordert Mut. Am Anfang hatte ich Angst, mich lächerlich zu machen, nicht gut genug zu sein oder der Rolle nicht gerecht zu werden. Aber von Rainer habe ich dann gelernt: Die Angst ist nicht mein Feind, sondern mein größter Antrieb. Sich verletzlich zu zeigen, das macht eine Figur auf der Leinwand interessant. Und eben diese Ehrlichkeit ist es auch, die einen Menschen im wahren Leben faszinierend und liebenswert macht. Wer will schon mit einer perfekten Fassade zusammen sein? Angst und

Scham anzunehmen, ist eine der wichtigsten Kraftquellen in jeder Krisensituation. Wenn man hingefallen ist, braucht man sich nicht dafür schämen. Einfach wieder hoch und dazu stehen.

In den Neunzigerjahren habe ich wahnsinnig viel gedreht. Ich war richtiger »Hot Shit«. Eine Journalistin fragte mich mal: »Am Anfang Ihrer Karriere haben Sie ja hauptsächlich Töchter gespielt. Woran liegt das?« Ja, mein Gott, ich war 15! Was hätte ich denn sonst spielen sollen? Massenmörderinnen? Damals sah die deutsche Unterhaltungsindustrie noch ganz anders aus. Es gab zwar nur etwa zehn weitere Filmschauspielerinnen in meinem Alter und der Hype um uns war entsprechend groß, aber dennoch wurden wir für unsere Arbeit anerkannt und nicht fürs »Berühmtsein«. Die Fragen der Journalistinnen und Journalisten drehten sich immer um unsere Projekte und eventuell die Karriere im Allgemeinen, aber nicht um private Lebensumstände. Ebenso wie das Schauspiel musste ich auch den Umgang mit den Medien Schritt für Schritt lernen. Quasi »learning by doing« – oder auch »learning by failing«.

Unter den vielen Töchtern, die ich vor der Kamera spielte, gab es dann eine, die mich richtig herausforderte. In dem Film *Vaters Tochter* spielte ich eine junge Frau, die in Amerika lebt, nach Deutschland zurückkehrt und ihre Tochter wiedertrifft. Im Laufe des Films stellt sich heraus, dass der Vater meine Figur missbraucht hat und auch der Vater ihres Kindes ist. Die Darstellung dieses Traumas hat mir einiges abverlangt. Es war ein großartiges Drehbuch, trotzdem hatte ich immer noch keinen Plan, was ich da genau spielen und wie ich es herstellen sollte. Zu diesem Zeitpunkt glaubte ich ja immer noch dem Regisseur George Tabori, der mir als Kind gesagt hatte: »Nur im Gefühl liegt Wahrheit!« Also versuchte ich, mich so gut wie möglich in die Situationen einzufühlen. Was ich heute für keine besonders gesunde Vorgehensweise mehr halte. Auch wenn Schauspieler und Schauspielerinnen sagen: »Ich bin in der Rolle!«, finde ich das mittlerweile bescheuert. Das hat nichts mit Technik oder Handwerk zu tun, sondern ist oft nur eine Ausrede dafür, sich schlecht zu benehmen. Auch wenn ich bei diesem Film alles gegeben habe, entstanden die besten Momente und Reaktionen eher nach dem Zufallsprinzip. Mal passte es und mal nicht. Es hatte mehr etwas von Suchen und Finden als von Spielen. Heute weiß ich, es heißt aus einem guten Grund Schauspieler und nicht »Schauseier«. Der Film schlug damals große Wellen und kam richtig gut an. Die Presse stürzte sich auf dieses wichtige Thema. Missbrauch in der Familie wurde damals noch nicht oft in Filmen behandelt. So trugen wir mit unserem Projekt dazu bei, eine öffentliche Debatte darüber anzustoßen. Nach diesem Film schrieb mir mein Vater ein Telegramm. Ich drehte gerade in Lissabon für das nächste Projekt, als mich seine Zeilen erreichten. Er beglückwünschte mich zu meiner Leistung. Endlich sah er, wozu ich im Stande war, und konnte mich als Schauspielerin akzeptieren. Das war mir sehr wichtig. Auf den Presserummel konnte ich immer schon verzichten, aber auf diese persönliche Anerkennung hatte ich jahrelang gewartet.

Manchmal denke ich dennoch, ich hätte den Hype, als ich noch jung war, mehr genießen sollen, anstatt ihn immer nur als Bürde zu betrachten. Die Aufmerksamkeit hätte ja auch Spaß machen können! Ich hatte mich jedoch von Anfang an so darauf eingegroovt, das alles nicht zu ernst zu nehmen, dass PR-Auftritte für mich nie etwas Positives hatten und auch immer noch nicht haben. Der rote Teppich war immer schon knallharte Arbeit. Heute denke ich, ein wenig Leichtigkeit wäre manchmal ganz gut gewesen. Ein wenig mehr Spielfreude abseits der Kamera. Vielleicht war es falsche Bescheidenheit, vielleicht Misstrauen der Szene gegenüber. Vielleicht konnte ich die Lorbeeren auch nicht annehmen, weil ich meinem Vater unbedingt beweisen wollte, dass ich eine seriöse Schauspielerin war und kein mediengeiles Starlet! Deshalb habe ich mich neben kommerziellen Produktionen auch stets um tiefgründige Rollen bemüht. Ich dachte immer, das wäre wertvoller, weil das Leichte nicht so viel gilt wie das Schwere. Erst heute habe ich begriffen: Es darf auch leicht sein! Man muss es sich nicht unnötig schwer machen. Das Leben ist schon schwer genug.

Vielleicht um der jahrelangen Kritik meines Vaters an meiner Schauspielkunst entgegenzuwirken, aber auch weil ich das Handwerk lernen wollte, habe ich es zweimal mit Schauspielunterricht versucht. Einmal war ich bei einer Lehrerin in Berlin, die mir zwei Stunden lang das Gretchen vorlas. Ich glaube, keine Schauspielerin kommt am Gretchen vorbei, aber das war so gar nicht meins. Fausts Tragödie hatte nichts mit dem gemeinsam, was ich spielte und lernen wollte. Das zweite Mal ging ich in Hamburg zu einem Seminar des bekannten Schauspieldozenten Dominique De Fazio vom Lee Strasberg Theatre and Film Institute in New York. Er unterrichtete »Method Acting« – die Schauspielmethode, die viele Hollywoodstars anwenden. In dem sauteuren Seminar saßen ungefähr zweihundert Schauspieler und Schauspielerinnen und himmelten Herrn De Fazio an. Er hatte eine tolle Ausstrahlung, das muss ich zugeben, aber ich habe generell ein Problem mit Autoritäten. Wenn jemand so zum Guru erhoben wird, bin ich von Anfang an misstrauisch. Er sagte dann einen Satz, der meine Skepsis noch erhöhte: »Zwei Dinge braucht ein Schauspieler nicht: Fantasie und Einfühlungsvermögen. Alright?« Das machte mich wirklich stutzig. Er schaute auf die seelig nickende Menge herab und deutete mit dem Zeigefinger direkt auf mich: »You don't trust me – du vertraust mir nicht!«

»Nö!«, sagte ich – und ging. Das war meine Schauspielausbildung.

Richtig gelernt habe ich es dann bei der Arbeit. Es gab einen sehr guten Produzenten bei der Monaco Film GmbH in München, Georg Althammer. Er hat mir eine große Chance geschenkt. Und zwar fragte er mich, ob ich mir vorstellen könnte, eine Polizeiserie zu drehen. Sie hieß *Einsatz Hamburg Süd*. Darin verkörpere ich gemeinsam mit Meral Perin das erste weibliche deutsch-türkische Ermittlerduo im deutschen Fernsehen. Als sie mich für die Rolle besetzten, hatte ich lange blonde Haaren, zur ersten Leseprobe kam ich jedoch mit einem Pixi-Schnitt, ohne das mit der Produktion abgesprochen zu haben. In meinen Augen passte diese Frisur einfach besser zu einer Kommissarin. Georg Althammer sah mich und klatschte in die Hände. »Ich hätt's wissen müssen!«, rief er. Dem Regisseur gefiel es, und so drehten wir über einen Zeitraum von zwei Jahren 26 Folgen. Das war ideal für mich, denn ich wohnte ja in Hamburg und konnte so jeden Abend zu meinem kleinen Sohn nach Hause. Vor allem hatte ich die Möglichkeit, mich auszuprobieren und dazuzulernen, weil ich ständig vor der Kamera stand. So wie andere Leute ins Büro gehen, ging ich zum Drehen. Diese Serie war meine wahre Schauspielschule.

Als ich dann den Film *Bis dass der Tod uns scheidet*, ein Ehedrama mit meinem Kollegen Bernhard Schir, drehte, hatte ich zum ersten Mal das Gefühl, zu wissen, was ich tue. Ich kannte meine schauspielerischen Mittel und hatte meinen persönlichen Trick gefunden. Und zwar fange ich jeden Take mit geschlossenen Augen an. So entscheide ich, wann ich bereit bin für eine Szene. Ich gebe mir das »Bitte« selbst. Das kann fünf Sekunden nach dem »Bitte« des Regisseurs sein, vielleicht auch nur eine, aber ich schaffe mir auf diese Weise die optimalen Startbedingungen.

Eine Frage, die jeder Schauspieler und jede Schauspielerin bestimmt schon mal gehört hat, ist: »»Kannst du auf Knopfdruck weinen?«

Wozu? Das ist überhaupt kein Qualitätsmerkmal! Ich frage den Regisseur oder die Regisseurin immer: »Willst du Tränen sehen, oder soll ich richtig weinen? Denn wenn ich richtig weine, dann sehe ich zwei Stunden lang so aus.« Tränen kann man herstellen. Da gibt es Mittel und Wege. Man kann in die Augen pusten oder eine Salbe verwenden, die die Augen feucht werden lässt. Ganz easy – ohne Seelenstriptease oder an die tote Urgroßmutter zu denken. Natürlich können solche Tricks auch – Achtung, Wortspiel! – mächtig ins Auge gehen. Bei Dreharbeiten auf der Insel Rügen bekam ich einmal Pfefferminzöl unter die Augen geschmiert, damit die Tränen während der Szene langsam fließen konnten. Doch eine unerwartete Windböe machte uns einen gehörigen Strich durch die Rechnung. Meine Augen tränten so stark und schwollen dermaßen an, dass ich aussah wie eine professionelle Boxerin.

Besonders schwierige Szenen – gerade die mit Tränen – spiele ich übrigens ohne Kontaktlinsen. Da ich extrem kurzsichtig bin, hat das einige Nachteile. Ich muss meine Marken immer rückwärts laufen. Das bedeutet, ich zähle vor dem Drehen die Schritte bis zu der mit buntem Gaffertape markierten Stelle, um später auch genau dort zu landen. Die kleinen Sandsäcke, die Schauspielern manchmal als Markierung hingelegt werden, verbiete ich mir. Eine schlimme Stolperfalle für jemanden mit minus siebeneinhalb Dioptrien! Ebenso erwarte ich, dass die Sichtlinie hinter der Kamera freigehalten wird. Wenn ich gerade eine Frau spiele, die vom Tod ihrer Mutter erfährt, möchte ich keinen Set-Assistenten hinter der Kamera rumlaufen sehen, der gemütlich eine pafft.

Diese Art von Professionalität erwarte ich vom gesamten Team. Set-Fahrer ist für mich beispielsweise ein Beruf und kein Job. Ich verlange, dass auch der Fahrer seine Tätigkeit ernst nimmt, pünktlich kommt oder mir bei einer eventuellen Verspätung eine Nachricht schreibt. Ich warte ja auch zur vereinbarten Zeit vor der Tür. Ebenso brauche ich einen Rückzugsort am Set, um mich auf die emotionalen Herausforderungen beim Drehen vorzubereiten. Gerade bei Schauspielerinnen wird so etwas gern mal als Allüren bezeichnet. Ich nenne es Höflichkeit. Es kamen schon einige Aufnahmeleiter zu mir und sagten: »Du bist ja gar nicht so schlimm!« Na klar bin ich das nicht, ich weiß nur, was ich will, und eine Frau, die so selbstbewusst kommuniziert, gilt dann schnell als Zicke. Selbstverständlich halte auch ich mich an meine eigene Professionalitätsregel. Als Protagonistin eines Films sehe ich mich verantwortlich dafür, wie der Dreh läuft. Ich bereite mich doppelt vor und kümmere mich darum, dass es allen Teammitgliedern möglichst gut geht. Ich lerne vorher die Stabliste auswendig und stelle mich bei Drehbeginn allen persönlich vor. Das ist Respekt der alten Schule. Den gebe ich, und den wünsche ich mir. Ich muss nicht mit allen befreundet sein. Das wäre auch kontraproduktiv. Am Set herrscht eine ganz klare Hierarchie, ohne diese würde ein Filmdreh überhaupt nicht funktionieren. Dennoch bemühe ich mich um menschliche Augenhöhe, egal, ob ich mit einer Praktikantin oder einem Star spreche. All das sind die kleinen, unausgesprochenen Gesetze, die ich mir nach und nach erarbeitet und für mich festgelegt habe. Schauspielerin zu sein, ist nun mal ein sehr intensiver Beruf mit viel Verantwortung. Und diese trage ich mit Stolz.

Vorbilder

Christiane Hörbiger ist für mich ein richtiger Star! Sie ist eine der bekanntesten Schauspielerinnen meines Heimatlandes, und schon als ich klein war und bei den Nachbarn heimlich Fernsehen guckte, war ich ein Fan von ihr. Als ich viele Jahre später für den Film *Der Besuch der alten Dame* mit ihr in der Hauptrolle angefragt wurde, sagte ich deshalb sofort begeistert zu. Ich hätte so gut wie jeden Film mit ihr gespielt. Sie ist eine Diva im besten Sinne. Sie weiß ganz genau, was sie will, und nimmt den Text persönlich sechs Wochen vor Drehbeginn ab – und zwar nicht nur ihren, sondern das gesamte Drehbuch. *She's the boss!*

Als wir uns damals zu unserer ersten Leseprobe im Hotel Imperial in Wien trafen, fragte sie: »Siezen wir uns, oder duzen wir uns?«

Ich dachte nur, okay, darauf falle ich nicht rein, und antwortete: »Frau Hörbiger, ich bin Österreicherin wie Sie. Wenn Sie möchten, dass wir uns siezen, dann tun wir das. Wenn Sie mir das Du anbieten, dann duzen wir uns.«

Sie schaute mich von der Seite an, und ein feines Lächeln umspielte ihre Mundwinkel. Dann streckte sie mir ihre Hand entgegen. »Nane!«

Sie war mein Idol, und ich durfte sie duzen. Jackpot!

Ein anderer großartiger Schauspieler, den ich sehr verehrt habe, ist Götz George. Wir haben insgesamt vier Filme miteinander gedreht. Zum ersten Mal trafen wir in der Öko-Krimireihe *Morlock* aufeinander. Da war ich erst 17. Götz spielte darin einen Unternehmensberater, und ich war seine Sekretärin. Natürlich war ich total nervös. Es gab eine Szene, in der ein Paketbote kam und ich einen kurzen Dialog mit ihm hatte. Wir mussten diese Szene ungefähr 19 Mal wiederholen, weil ich ständig etwas vergaß. Der Regisseur rastete völlig aus und brüllte mich an. Aber Götz sprang für mich in die Bresche: »Sie ist noch sehr jung, und sie macht das, so gut sie kann. Du hast sie besetzt, also hilf ihr!« Er hat mir damals den Arsch gerettet.

Ich habe viel von Götz gelernt. Seine Ernsthaftigkeit und seine Präsenz waren einzigartig, und ich habe wahnsinnig gern mit ihm gespielt. Als wir das nächste Mal aufeinander trafen, beim Dreh zu dem Film *Die Entführung*, spielte ich seine Tochter. Eine verwöhnte, reiche Göre mit Champagnerflasche in der Hand. Wir hatten eine große Streitszene vor uns, und ich dachte, ich könnte hier mal ein wenig mein Revier markieren. Also fragte ich vor Drehbeginn den Oberbeleuchter, ob sie mehr als nur die üblichen 180 Grad ausleuchten könnten, damit wir mehr Spielfläche hätten. »Okay, zwei Kästen Erdinger!« Wir hatten einen Deal! Dann fragte ich die Garderobiere, wie viele Hemden sie für Götz hatte und ob die alle am Set wären. Ich musste ja die volle Verantwortung für meine Idee übernehmen. Es würde rein gar nichts bringen, wenn ich mich freispielte und wir dann dreißig Minuten Pause machen müssten, um ein Ersatzhemd zu besorgen. Als alles geklärt war, spielten wir schließlich die Szene, und ich kippte Götz ohne Vorwarnung die volle Champagnerflasche über den Kopf. Das war riskant. Er hätte ja auch sagen können: »Danke, das war's.« Stattdessen schaute er mich an und sagte: »Aha.« Und damit war's gut.

Von Götz habe ich auch gelernt, immer anzuspielen. Das machen nicht alle Kollegen, und viele geben sich auch nicht so viel Mühe, wenn sie nicht im Bild sind. Aber Götz spielte immer alles voll aus, und ich tat es ihm gleich.

Unser letzter gemeinsamer Film war *George*. Darin spielte Götz seinen Vater Heinrich George, und sie suchten eine Schauspielerin für die Rolle der Berta Drews, Götz' Mutter. Die Anfrage der Produktionsfirma lehnte ich zunächst ab, mit der Begründung: »Ich will nicht Teil dieser Familienaufstellung werden.« Doch zehn Minuten später klingelte mein Telefon erneut, und diesmal war Götz persönlich dran.

»Wenn du det nich spielst, Kleene, denn weeß ick nich, wer det sonst spielen könnte!«

Natürlich sagte ich daraufhin Ja!

Die Arbeit an diesem Film war zutiefst bewegend. Vor allem natürlich für Götz, der permanent den Spagat zwischen seinem Vater, wie er ihn in Erinnerung hatte, und der Rolle des Heinrich George, die er hier verkörpern sollte, halten musste. Es war eine unfassbare Leistung. Mir war dieser Film unglaublich wichtig, und ich wollte Götz unbedingt zeigen, wie ernst ich die Arbeit daran nahm. In einer Szene sah der kleine Götz seinen Vater zum letzten Mal. Das war kurz bevor Heinrich George wegen seiner Kooperation mit dem NS-Regime von den Russen ins Internierungslager Sachsenhausen gesperrt wurde. Es war ein Nachtdreh. Ich betrat als Berta Drews mit dem kleinen Jungen, der Götz spielte, die Szene, und er rannte durch die Absperrung zu seinem Vater. Ich gab wirklich alles und spielte mir jeden Abend die Seele aus dem Leib, auch wenn ich »nur« die Anspielpartnerin für Götz war, damit er so gut wie möglich reagieren konnte. In einer anderen Szene schäkerten wir als Ehepaar zu Hause auf dem Sofa, und plötzlich küsste Götz mich ohne vorherige Absprache! Vielleicht war das eine verspätete Revanche für die Champagnerflasche. Ich war auf jeden Fall ein wenig verdutzt, und es war mir auch unangenehm, weil seine Frau am Set anwesend war. Aber ich war auch positiv überrascht. Götz George hatte mich geküsst!

Götz war im besten Sinne des Wortes ein Volksschauspieler. Jemand, der echte Menschen mit allen ihren Facetten und Tiefen darstellen konnte. Er war so populär, weil er etwas in den Zuschauern berührte. Das ist auch mein großes Ziel: eine echte Volksschauspielerin zu sein, die Menschen spielt und keine Abziehbilder. Privat waren wir dennoch nicht wirklich befreundet. Ich hatte den Eindruck, das ging mit Götz gar nicht. Er war sehr speziell. Kurz bevor wir *George* drehten, traf ich ihn zufällig auf Sardinien, wo er ein Haus hatte. Ich saß draußen mit einer Freundin in einem Café, als eine Gruppe von Motorradfahrern heranbrauste. Einer von ihnen nahm seinen Helm ab – und es war Götz! Ich dachte, es wäre ihm sicher peinlich, mich hier zu sehen, also duckte ich mich und schlich mich möglichst unauffällig ins Innere des Cafés. Doch seine Jahre als Kommissar hatten offenbar Spuren bei Götz hinterlassen. Er kam mir sofort auf die Schliche, und hinter mir dröhnte es: »Na Kleene, sachste nich mal juten Tach?« Das war ein echter Ritterschlag.

Am 19. Juni 2016 saß ich gerade in der Maske bei einem anderen Dreh und surfte auf Facebook, als ich von Götz' Tod erfuhr. Da ging gar nichts mehr. Ich weinte hemmungslos. Wir mussten zwei Stunden warten, bevor ich mich wieder einigermaßen gefangen hatte und mit dem Drehen anfangen konnte. Das war ein sehr trauriger Tag für mich. Ich fühlte mich, als hätte ich ein Familienmitglied verloren. Götz George war mein Mentor, ein Vorbild und über so viele Jahre hinweg mein Begleiter. Er hat mir etwas gegeben, was ich mir von meinem Vater gewünscht hätte. Götz hat bei mir sehr tiefe Spuren hinterlassen. Ich werde ihm ewig dankbar sein und ihn niemals vergessen.

Die schwarzen Schwäne

Der Tod kam schon öfter in mein Leben, aber er kam nie für mich. Ich bin ihm bisher immer von der Schippe gesprungen. In den glorreichen Neunzigerjahren habe ich gearbeitet ohne Ende. Ich konnte mich nicht retten vor Angeboten und drehte nicht selten drei Filme parallel, flog von Hamburg nach München, am nächsten Tag nach Schottland und dann wieder nach Lissabon. Das klingt aufregend, und das war es auch! Aber es zehrte auch an meinen Nerven und forderte seinen Preis. Ich war mit 44 Kilo extrem dünn und auch noch stolz darauf. Mir war nicht bewusst, dass ich gar kein Schutzschild mehr hatte – bis ich sehr krank wurde.

Ich drehte gerade eine Episode der Serie *Faust* mit Heiner Lauterbach in der Hauptrolle. Heiner ist ein lieber Kollege, den ich zu diesem Zeitpunkt schon länger kannte. Mir ging es gar nicht gut am Set. Alles drehte sich, ich war blass und schwankte. Heiner bemerkte das und machte einen Test mit mir. Er sagte: »Da! Schau mal in den Sechskilowattscheinwerfer!« Ich verstand überhaupt nicht, was das sollte, probierte es aber aus. Ich schaute ins Licht und kippte sofort um. Die Produktion fuhr mich nach Hause und ließ mich vom Versicherungsarzt untersuchen. Ich hatte hohes Fieber, aber dennoch spritzte der Arzt mich wieder hoch, damit ich weiterarbeiten konnte. Das klingt ziemlich menschenunwürdig – und das war es auch. Als Schauspielerin gibt es im Grunde keine Möglichkeit, sich krankschreiben zu lassen. Da muss man schon mehr als zwei gebrochene Gliedmaßen haben oder mit einem Bein im Grab stehen. Ansonsten wird weitergespielt. Dreharbeiten sind unfassbar teuer. Da hängen so viele Menschen und Zeitpläne dran. Wenn ein Schauspieler oder eine Schauspielerin ausfällt, kostet das unter

Umständen Millionen. Deshalb heißt es: *The show must go on* – egal, ob mit Bronchitis, schwanger oder wie in meinem Fall mit einer Gehirnentzündung.

Obwohl ich wieder aufgepäppelt worden war, um weiterdrehen zu können, ging auch das irgendwann nicht mehr. Mein Ehemann Rainer, der das Ganze mitansehen musste, sprach an diesem Punkt zum Glück ein Machtwort. Er rief den Notarzt, und ich wurde ins Krankenhaus St. Georg in Hamburg gebracht. Mein kleiner Sohn stand zu dieser Zeit total auf Müllmänner. Das war so eine Phase zwischen Feuerwehr und Robotern. Jedenfalls glaubte er, die Sanitäter in den orangefarbenen Westen seien von der Müllabfuhr, und freute sich: »Die Müllmänner kommen!« Warum die Müllmänner seine Mama mitnahmen, konnte er natürlich nicht verstehen.

Im Krankenhaus wurde bei mir eine schwere Enzephalitis diagnostiziert. Das ist eine Entzündung des Kleinhirns, wohl ausgelöst durch einen Virus. Heute bin ich mir sicher, dass ich das Ganze damals einfach verschleppt habe. Ich hatte ja keine Zeit zum Ausruhen und Durchatmen. Vielleicht war ich zu lebenshungrig, wollte zu viel auf einmal und habe dafür ordentlich eins auf die Glocke bekommen. Als ich im Krankenhaus lag, sah ich in meinem Fieberwahn schwarze Schwäne über mich hinwegfliegen. Das war mein Bild für den Tod. Und es machte mir seltsamerweise keine Angst. Ich bin kein »Spökenkieker«, wie man in Hamburg sagt – das ist jemand, der an Geistergeschichten glaubt. Aber in diesem Moment war ich mir sicher, dass mich dieser Schwarm schwarzer Schwäne mitnehmen würde. Trotzdem war das Bild sehr friedlich und schenkte mir Ruhe.

Etwa vier Monate lang lag ich auf der Intensivstation. Ich konnte mich nicht mehr bewegen. Ich konnte gar nichts mehr – außer denken und reden. Tatsächlich bekam ich deshalb auch alles mit, was um mich herum passierte. Wie schlecht es tatsächlich um mich stand, wurde mir erst klar, als der Chefarzt einmal leise zu seiner Kollegin sagte: »Das wird nix mehr!« Er hatte mich schon abgeschrieben. Aber da hatte er die Rechnung ohne meinen Sturkopf gemacht. Selbstverständlich war ich noch lange nicht bereit zu gehen. Ich war 22 Jahre alt! Hallo? Ich hatte einen kleinen Sohn und noch einiges vor auf dieser Welt.

Zum Glück gab es in diesem Krankenhaus die wunderbare Oberschwester Manuela. Eine kräftige blonde Frau, etwa Mitte dreißig. Sie nahm sich meiner an und fuhr mich auch in ihren Pausen oft mit dem Rollstuhl herum. Quer übers Klinikgelände. Wir quatschten über völlig banales Zeug, das Wetter und was in der Zeitung stand. Mit ihrer pragmatischen Art holte mich diese patente Krankenschwester zurück ins Leben. Sie dramatisierte meine Krankheit in keiner Weise – im Gegenteil. Sie behandelte mich völlig normal, eben wie eine junge Frau, die mal ein bisschen raus muss.

Eines schönen Donnerstags schob sie mich nach draußen in den Park, hielt an und sagte: »Steh mal bitte auf, Muriel, irgendwas stimmt nicht mit dem Rolli. Ich muss mal was checken.« Wackelig hievte ich mich hoch und hielt mich vorsichtig an einer Parkbank fest, im Glauben, ich könnte mich gleich wieder setzten. Doch Manuela klappte den Rollstuhl zusammen und schob ihn ganz weit weg. Auf meinen entsetzten Blick antwortete sie: »So, komm, wir lernen jetzt laufen!«

Von da an übten wir jeden Tag. So wie ich es erst wenige Monate zuvor meinem kleinen Sohn beigebracht hatte, brachte Manuela mir jetzt das Laufen bei. Einen Schritt nach dem anderen. Sie motivierte mich, wenn ich nicht mehr konnte, und trat mir liebevoll in den Hintern, wenn ich keine Lust hatte. Ich bin ihr unendlich dankbar für ihren Beistand. Sie war ein Engel. Sie hat mir buchstäblich beigebracht, wieder aufzustehen, nachdem ich umgefallen war. Es dauerte drei Monate, bis ich mich wieder selbstständig fortbewegen konnte, nach fünf Monaten wurde ich entlassen. Wenn mein Mann Rainer damals nicht eingeschritten wäre, dann hätte ich diese Geschichte vielleicht nicht überlebt.

Diese Erfahrung hat mich sehr demütig gemacht. Erst seitdem weiß ich, wie wichtig Gesundheit wirklich ist. Diesen Geburtstagswunsch: »vor allem Gesundheit« – den tut man immer so ab, solange man gesund ist. Dennoch ist alles andere davon abhängig. Was nützen dir Erfolg, Geld oder glückliche Beziehungen, wenn du nicht laufen kannst? Deshalb bin ich auch so dankbar dafür, dass ich, egal, was ich später durchgemacht habe, immer mit einem blauen Auge und ohne körperlichen Schäden davongekommen bin. Ich habe meinen Körper nicht immer gut behandelt und danke Gott dafür, dass ich trotzdem kerngesund bin. Das ist eins der größten Geschenke in meinem Leben.

Für immer

Als Rainer und ich heirateten, waren wir noch sehr jung. Auch heute noch ist er einer meiner Herzensmenschen. Aber wie das Leben so spielt, hat es für uns als Paar leider nicht geklappt. Schweren Herzens entschieden wir uns also dazu, getrennte Wege zu gehen und das zu bewahren, was zwischen uns gut funktionierte.

Als wir beschlossen, uns scheiden zu lassen, ging ich mit einem Blankopapier in der Hand zum Notar. Lediglich ganz unten stand meine Unterschrift. Ich reichte es dem Juristen, und er brach in hysterisches Lachen aus.

»Was wollen Sie?«, fragte er.

»Nix!«, antwortete ich.

Diese Scheidung war so einvernehmlich, wie es nur möglich ist. Rainer und ich wollten einfach nur geteiltes Sorgerecht und sonst gar nichts.

Als wir dann zum Gerichtstermin mussten, war ich natürlich trotzdem sehr traurig und weinte. Es war einfach so schade. Auch wenn ich rational wusste, dass es die richtige Entscheidung war, tat es mir dennoch sehr leid. Das war ja nicht so geplant gewesen. Mein Noch-Ehemann nahm mich in den Arm und tröstete mich. Als der Richter dann die Worte »rechtskräftig geschieden« aussprach, fragte Rainer: »Darf ich die Braut jetzt küssen?« – und tat genau das.

»Ihr glaubt wohl, ihr könnt mich verarschen?!«, rastete der Richter aus und warf uns aus dem Gerichtssaal.

Wir lachten uns schlapp und waren das wahrscheinlich liebevollste frisch geschiedene Paar des Planeten. Danach gingen wir tanzen und kehrten sehr spät abends noch in unser Stammrestaurant Florian ein. Die Barleute fragten uns, ob wir etwas zu feiern hätten, und wir lachten nur.

»Jap! Unsere Scheidung!«

Rainer brachte mich anschließend mit dem Fahrrad nach Hause, und am nächsten Morgen gingen wir gemeinsam frühstücken. Wir mussten uns entscheiden, ob wir über alles, was zwischen uns schiefgelaufen war, ausführlich reden oder besser einen Strich darunterziehen sollten, damit die Wunden heilen konnten. Wir entschieden uns für Letzteres, und das war gut so.

Unsere Scheidung – wie übrigens auch schon unsere Hochzeit – haben wir sehr lange erfolgreich vor der Presse geheim halten können. Irgendwann las ich dann jedoch die Schlagzeile: »Baumeister: Ehe gescheitert«. Ich schmunzelte etwas und dachte: Ihr seid ja früh dran! Da waren wir nämlich bereits seit fünf Jahren geschieden.

Rainer war in den schwierigen Momenten meines Lebens immer an meiner Seite. Ich kann ihn immer anrufen, egal, was ist. Das Eheversprechen, das wir uns gegeben haben: in guten wie in schlechten Zeiten, haben wir immer bewahrt. Trotzdem oder gerade weil wir kein Paar mehr sind, sondern die besten Freunde. Ich würde beide Hände für ihn ins Feuer legen. Heute hat er zum Glück eine wunderbare Frau, die unsere Verbindung stets akzeptiert hat, weil sie weiß, wie wichtig uns unsere Freundschaft ist. Zwei Menschen, die durch ein Kind verbunden sind, haben sowieso eine Schnittmenge fürs Leben. Und ich bin sehr dankbar, dass Rainer und ich es geschafft haben, immer im Leben des anderen zu bleiben.

Überraschung

Als mein Sohn zwölf Jahre alt war, war ich wieder verliebt. Auch in meiner neuen Beziehung wünschten wir uns ein Kind. Der Vater meines zweiten Kindes, Pierre, ist ebenfalls Schauspieler. Als wir unseren Freunden und Kollegen verkündeten, dass wir Nachwuchs erwarteten, wurde uns für die Vorsorgeuntersuchung ein russischer Arzt empfohlen, angeblich der Beste seines Fachs. Viele meiner Kolleginnen gingen zu ihm. Er prophezeite, dass mein zweites Kind ein Junge werden und mindestens fünf Kilo wiegen würde. Na gut. Ich glaubte ihm das erst mal. Als er dann jedoch einen termingerechten Kaiserschnitt vorschlug, wurde ich skeptisch. »Warum? Ich habe keine Angst vor der Geburt. Beim ersten Mal hab' ich's ja auch geschafft!« Als er mir dann noch offenbarte: »Der einzige Feind des Arztes ist die Hebamme!«, wusste ich: »Einer von uns beiden ist hier zu viel, Und ich bin es nicht!« Daraufhin sprang ich vom Untersuchungsstuhl und suchte mir eine kompetente Hebamme. Ich fand die wunderbare Katrin Zwanzig. Eine patente Berlinerin, die sehr viel mehr draufhatte als dieser Promidoktor.

Die Geburt meines zweiten Kindes lief dann aber doch so gar nicht nach Plan. Am Vorabend waren wir mit Pierres bestem Freund und dessen Frau beim Österreicher essen. Sie war auch schwanger, aber noch nicht so weit wie ich. Da mir das Sitzen schwerfiel, ging sie immer wieder mit mir um den Block. Während ich meine schwere Kugel vor mir herschaukelte, begannen die Herren im Restaurant Vogelbeerschnaps zu trinken. Das ist nicht einfach nur Alkohol, da sind Halluzinogene drin! Ich wollte nicht lange bleiben, denn meine Hebamme Katrin hatte mich schon vorgewarnt: »Wenn de denkst, es könnte bald losgehen, geh früh schlafen! Die meisten Geburten beginnen nachts, und dann haste wenigstens 'n paar Stunden Ruhe.« Ich wollte also los, doch der Vater meines Kindes war noch in Vogelbeerschnapslaune und dachte gar nicht ans Heimkehren. Er wollte länger bleiben. Um einiges länger. Ich aber ging brav ins Bett, wie mir meine Hebamme geraten hatte. Als Pierre morgens um zwei endlich zur Tür hereinstolperte, hatte ich jedoch die Nase gestrichen voll.

»Findest du das gut, was du gemacht hast? Ich nicht!«, brüllte ich ihn an.

Er konterte nur: »Du bist immer so imperialistisch!«, und schlief darauf auf dem Küchentisch ein.

Das machte mich so wütend, dass mir die Fruchtblase platzte, direkt in unserem Flur. Pragmatisch, wie werdende Mütter in einer solchen Situation eben sind, stellte ich Pierre zwei Optionen zur Auswahl: »Entweder du legst dich jetzt aufs Sofa und schläfst. Dann bist du aber morgen, wenn ich mit unserem Sohn wiederkomme, weg. Oder du trinkst drei Tassen Espresso, nimmst zwei Aspirin und kommst mit ins Geburtshaus.«

»Ich glaub, ich nehm' das mit dem Kaffee«, stöhnte er.

Ich rief also die Hebamme und das Geburtshaus an, damit sie schon mal das Wasser einlassen konnten, denn ich wollte unser Kind unbedingt in der Badewanne bekommen. Am Telefon sagte mir Katrin, ich solle auf sie warten, sie würde sich sofort auf den Weg zu uns machen. Da kam Pierre gerade langsam wieder zu sich und wollte mir Tee kochen.

»Ich will keinen Tee, ich krieg ein Kind, du Idiot!«, herrschte ich ihn an. Auch als er mir unsere silberne Art-déco-Vase brachte, weil ich mich ständig übergeben musste, bekam er von mir eins auf den Deckel. »Da kotz ich nicht rein! Die war teuer!«

Als Katrin endlich da war, untersuchte sie mich und sagte mit dieser Ruhe, die nur Hebammen zu eigen ist: »Pierre, ruf mal bitte im Jeburtshaus an. Die können det Wasser wieder rauslassen. Det schaff mer nich mehr!«

Also eine Hausgeburt – halleluja! Meine einzige Bedingung war, dass Pierre während des gesamten Vorgangs am Kopfende des Bettes sitzen sollte. Im Eifer des Gefechts kam es dann natürlich dazu, dass er doch genau auf der anderen Seite saß, mit bester Aussicht aufs Geschehen. Das war mir dann aber auch egal. Aus Reflex zog ich noch schnell das Hemd meines Vaters an und brachte keine zwanzig Minuten später mein zweites Kind zur Welt, im gleichen Bett, in dem es gezeugt worden war.

Ich war noch völlig im Delirium und bin ja außerdem stark kurzsichtig, deshalb merkte ich zuerst gar nicht, dass unserem »Sohn« ein wichtiges Detail fehlte. Pierre druckste ängstlich herum und stammelte schließlich: »Scheiße, der hat keen Puller!«

»Hä?«, sagte ich. und Katrin klärte mich positiv überrascht auf: »Ick werd' verrückt! Det iss'n Mädchen!«

Der russische Promiarzt hatte also nicht mal beim Geschlecht des Kindes richtig gelegen. Meine Tochter wog auch nur drei Kilo und nicht fünf. Wer weiß, was der bei der Geburt noch alles falsch gemacht hätte!

Hebammen gibt es seit Anbeginn der Menschheit. Frauen wissen einfach besser, wie sich Frauen während einer Geburt fühlen und was sie in dieser Extremsituation brauchen. Katrin war nicht aus der Ruhe zu bringen, sie hatte alles im Griff. Sie war für mich Hebamme, Kräuterfrau und Frauenversteherin in einer Person. Als mir während der Geburt kalt wurde, gab sie mir ein paar Globuli, und schwupps, wurde mir wieder warm! Als das Baby dann auf der Welt war, stolperte der Vater kopflos und ohne Schuhe nach draußen, um den Champagner aus dem Auto zu holen. Wir hatten ja schon alles fürs Krankenhaus zusammengepackt. Katrin hielt ihn zurück und sagte nur: »Pierrchen. Schuhe!« Wahrscheinlich bewahrte sie ihn so vor einer Lungenentzündung. Nachts um drei machten wir ein Violinkonzert von Mozart an, und ich fragte, ob ich in die Badewanne durfte. Eigentlich nach einer Geburt ein No-Go in vielen Krankenhäusern. Doch Katrin meinte, ich solle machen, was mir guttut.

Ursprünglich sollte unser »Sohn« Fritz heißen, nach Pierres Opa. Als Theaterkind ist er quasi bei seinen Großeltern aufgewachsen und liebte sie innig. Einen Mädchennamen hatten wir uns gar nicht überlegt. Für etwa dreißig Minuten nannten wir unsere Kleine deshalb provisorisch Fritzi, aber irgendwie war das kein Name für eine erwachsene Frau. Deshalb fragte mich Pierre, ob wir sie nach seiner Oma benennen könnten, und dieser Name gefiel mir sehr. Als unsere Tochter ihren Namen bekam, brach gerade der Morgen an. Ein frischer, klarer Frühlingsmorgen, und draußen piepste die erste Amsel. Was für ein Start ins Leben!

Stilldemenz

Mein Sohn schloss sein kleines Schwesterchen sofort ins Herz. Ich habe ein Foto von den beiden, da hat er beide Hände unter ihren Kopf gelegt, um sie zu schützen und zu halten. Das war so süß. Nach der Geburt erwischte mich allerdings die sogenannte Stilldemenz mit voller Wucht. Mein Körper war so sehr damit beschäftigt, Nahrung zu produzieren, hinzu kam dann noch der Schlafentzug, den alle Eltern mit neugeborenen Kindern kennen. Man darf ja nicht vergessen: Schlafentzug ist eine Foltermethode! Jedenfalls setzten meine Gehirnzellen manchmal einfach aus.

Das führte zu ziemlich lustigen Begebenheiten. Zum Beispiel war ich einmal im Supermarkt und machte mit dem Einkaufswagen diese typische Kinderwagenschaukelbewegung, ohne dass ich überhaupt ein Kind dabei hatte. Und wenn mir irgendetwas runterfiel, kommentierte ich es mit »Hoppala«, auch wenn sich nur Erwachsene im Raum befanden.

Ein anderes Mal vergaß ich komplett, wo ich mein Auto geparkt hatte. Ich versuchte alle Tricks, um mich daran zu erinnern: Wo war ich zuletzt damit? Was habe ich angehabt? Bin ich weit gelaufen? Aber all diese Informationen waren wie ausradiert aus meinem Gehirn. Zugegeben, im Prenzlauer Berg einen Parkplatz zu finden, ist auch ein Ding der Unmöglichkeit. Manchmal kurve ich dreißig Minuten um den Block, parke dann in Pankow und fahre mit der Bahn nach Hause. Aber dieses eine Mal konnte ich mich wirklich partout nicht mehr daran erinnern, wo das verdammte Auto stand. Gleichzeitig war ich aber auch zu stolz, um das zuzugeben und um Hilfe zu bitten. Ich versteckte sogar den Autoschlüssel, damit Pierre gar nicht erst auf die Idee käme, mich danach zu fragen. Erst drei Tage später, als wir mit der Kleinen einen Spaziergang machten, kamen wir zufällig an unserem Wagen vorbei, und ich rief laut: »Ach, hier!« Pierre guckte mich nur mit großen Augen an, während ich schnell mit dem Handy ein Foto vom Auto samt Straßenschild machte, um mir den Standort zu merken.

Meine Stilldemenz brachte mich einmal sogar um einen Job. Ich war beim Casting für einen Film, und es lief eigentlich ziemlich gut. Den Regisseur kannte ich schon, und wahrscheinlich hätte die Zusammenarbeit auch geklappt, hätte ich mich nicht nach den Proben erkundigt: »Sag mal, machen wir dann vorher eine Leseprobe am ... na, hier ... das Ding ... wo man dran isst ... man kann auch Stühle ranstellen ... na, sag schon ...«

Der Regisseur schaute mich verständnislos an. »Ich meld mich bei dir«, sagte er zum Abschied. Das tat er dann auch ziemlich bald – mit einer Absage.

Barfuß im Dschungel

In dem Film *Liebe und Tod auf Java* spiele ich eine junge Plantagenbesitzerin in den Zwanzigerjahren. Wir drehten in Malaysia im tropischen Regenwaldklima. Die Temperatur betrug 35 Grad, und die Luftfeuchtigkeit lässt sich in etwa so beschreiben: Sauna direkt nach dem Aufguss. Ich hatte damals lange Haare. Mein Maskenbildner musterte mich und fragte vorsichtig:
»Abschneiden?«
»Ja, klar!«, sagte ich, ohne mit der Wimper zu zucken.

Meine Haare sind sehr dick und schwer. Ich hätte mich zu Tode geschwitzt, wenn wir die unter einer Kurzhaarperücke versteckt hätten. Also bekam ich diese wunderbare, für die Zwanzigerjahre typische Wasserwellenfrisur und ein sehr tropenfreundliches Kostüm: Weite Marlene-Hosen aus weißem Leinenstoff und eine kurzärmlige Bluse mit kleinem Kragen und Krawatte. Das war das schönste und praktischste Kostüm für diesen Film, und es half mir sehr, mich in die Figur hineinzufinden. Ich lasse mir übrigens bei allen Kostümen die Taschen zunähen, damit ich nicht in die Verlegenheit komme, meine Hände beim Spielen hineinzustecken. Das ist ein guter Trick für mehr Präsenz – klappt auch im Alltag super.

Normalerweise trage ich gern Absätze, wenn ich spiele. Erstens, weil ich nicht die Größte bin, und zweitens, weil man durch die Verlagerung des Körperschwerpunkts eine ganz andere Haltung bekommt. Man ist automatisch selbstbewusster. Power-Posing, die Superheldenhaltung für mehr Energie, kann man sich eigentlich sparen, solange man das richtige Schuhwerk trägt. Für die Rolle der Plantagenbesitzerin hätten Absätze aber nicht gepasst. Sie war sehr lässig. Außerdem ließ die Hitze festes Schuhwerk gar nicht zu. Deshalb spielte ich die meiste Zeit einfach barfuß. Das war so lange angenehm, bis ich sah, wie die Arbeiter auf der Plantage, auf der wir drehten, mit langen Stäben den Weg durchforsteten. Ich fragte sie, nach was sie da suchen.

»This is our spider wrangler!« Sie suchten nach Spinnen!

Klar. Wir waren im Dschungel, und da sind Vogelspinnen keine Seltenheit. Ich schrie auf, denn allein schon beim Gedanken daran lief es mir eiskalt den Rücken runter. In den näheren Einstellungen bestand ich dann doch auf Flipflops.

Übrigens gibt es für Schauspieler die Möglichkeit, nach einem Dreh der Produktion die Kostüme zum halben Preis abzukaufen. Doch auch wenn mir dieses Java-Outfit sehr gefiel, hätte ich das nie getan. Es ist so ähnlich wie mit fremdem Schmuck. Wenn ich eine Rolle spiele, bin ich eine andere Person, und ich fände es merkwürdig, privat die Kleider einer anderen zu tragen.

Was für ein Theater

Ich bin meinem Vater und auch meiner Mutter sehr dankbar dafür, dass sie mir den Beruf der Schauspielerei gezeigt haben. Als Kind war es für mich das Normalste auf der Welt, in der Garderobe der Münchner Kammerspiele abzuhängen. So wie meine Kinder heute viele Maskenwagen von innen kennen, mit den Schminksachen spielen und Perücken anprobieren dürfen. Wahrscheinlich spielen Kinder von Steuerberatern mit Aktenordnern und Ärztekinder mit dem Stethoskop – ich weiß es nicht. Vielleicht liegt es auch an unserer speziellen Zunft, dass wir unsere Kinder überallhin mitschleppen und in diese besondere Welt einführen – eine Welt der Täuschung, aber auch der Magie.

Mit acht Jahren habe ich meinen Vater das erste Mal auf der Bühne gesehen. Er spielte den bösen Ritter Agravaine in der *Merlin*-Inszenierung von Tankred Dorst. Ich fand es schrecklich. Vielleicht, weil er der Böse war. Ich war überhaupt nicht in der Lage, davon zu abstrahieren. Da stand zwar mein Papa auf der Bühne, aber er redete ganz anders als sonst und tat seltsame Dinge.

Doch das ganze Drumherum am Theater fand ich damals schon toll. Die vielen Rituale wie: nicht pfeifen auf der Bühne, nicht essen, niemals unter einer Leiter durchgehen und auf gar keinen Fall »viel Glück« wünschen – sondern immer »Hals und Beinbruch«. Das bringt sonst nämlich Unglück – genauso wie am Körper zu nähen. Damit habe ich schon einige Garderobieren in den Wahnsinn getrieben. Ich bestehe darauf, ein Kostüm erst auszuziehen, selbst wenn nur ein Knöpfchen angenäht werden muss. All diese kleinen, auf Aberglauben beruhenden Traditionen geben den Menschen auf der Bühne ein Gefühl von Sicherheit und Zusammengehörigkeit. Sie sind der Schlüssel in die Theaterwelt. Der Gruppencode aller Schauspieler – und es macht riesigen Spaß, sich in dieser Geheimsprache zu verständigen. Es bedeutet: Ich bin eine von euch, und wir verstehen uns. Das lernte ich schon als Kind ganz nebenbei.

Mein Lieblingsduft auf Erden ist daher auch Theatergeruch. Ich habe noch die alte Schminktasche meines Vaters aus den Kammerspielen. Da steckt immer noch dieser Theaterduft meiner Kindheit drin. Es riecht nach Leichner Abschminke und Puder. Ein bisschen fettig, aber parfümiert. Es duftet nach meinem Vater, nach Heimat und nach Abenteuer. Ich mache die Tasche nur ganz selten auf, damit der Geruch nicht verfliegt. Aber ab und zu schnuppere ich daran und hole mir diese schönen Erinnerungen zurück.

Ich selbst habe nur ein einziges Mal Theater gespielt, im Hans Otto Theater in Potsdam. Gemeinsam mit Pierre, dem Vater meiner großen Tochter, unter der Regie seines Bruders. Pierre stammt auch aus einer Theaterfamilie. Ich habe mich immer am besten mit Menschen dieses Schlages verstanden. In dem Stück *Der Menschenfeind* von Molière spielte ich die weibliche Hauptrolle Célimène.

Während der Proben trat ich in ein riesiges Fettnäpfchen – das war eigentlich schon ein Fettfass. Wir probten eine Szene und der Regisseur sagte: »Okay, kurze Pause und danach noch mal!«

Und ich Fernsehtussi fragte völlig entgeistert: »Wieso müssen wir das denn noch mal proben? Das haben wir doch gerade schon gemacht!«

Beim Drehen »probt« man im Prinzip gar nicht. Man spielt die Szene am Set einmal durch, dann wird in alle Richtungen gedreht, und das war's – die nächste. Im Theater wird dagegen jedes Detail ganz genau erarbeitet. Die Proben sind sehr intensiv und dauern meist mehrere Wochen. Das hatte ich nicht bedacht. Das Potsdamer Ensemble fand mich deshalb auch nicht so dufte. Aber auf der Bühne zu stehen, war richtig aufregend für mich. Es ist halt alles live, man kann nichts faken. Während einer Aufführung hatte ich mal einen Frosch im Hals – gerade als ich einen sechsseitigen Dialog vor mir hatte! Pierre spielte die Rolle des selbst ernannten Menschenfeinds Alceste, dem die heuchlerische feine Gesellschaft zuwider ist und der meine Figur daraus befreien will. Doch zunächst musste er mich von dem Kloß in meinem Hals befreien. Er ging kurz von der Bühne, um schnell ein Champagnerglas mit Apfelschorle zu füllen. Das reichte er mir dann und sagte: »Auf Ihr spezielles Wohl, Madame!« Das stand nicht im Text, aber hat mir die Szene gerettet. Das werde ich ihm nie vergessen!

Postnatale Depression

Neun Jahre nach der Geburt meiner Tochter war ich zum dritten Mal schwanger, und zwar vom dritten Mann. Wieder war es ein Wunschkind – ich war verliebt in meinen Partner, und wir wollten das Abenteuer wagen. Doch dieses Mal bekam ich richtig viel Hohn und Spott ab – und das vor allem von Frauen! Keine Ahnung, wieso sich Frauen gegenseitig oft so zerfleischen müssen. Immerhin macht es dich weder zu einer besseren Frau noch zu einer besseren Mutter, wenn deine Kinder alle den gleichen Vater haben. Ein Mann kann sechs Kinder von fünf Frauen haben und wird dafür gefeiert! Er hat seinen Samen in der Welt verteilt und für möglichst viel Nachwuchs gesorgt. Aber eine Frau bekommt dafür Häme. Dabei ist jedes Kind ein Wunder, und die Entscheidung, mit wem man es bekommen möchte, eine ganz persönliche. Das geht niemanden etwas an! Ich war dreimal richtig verliebt in meinem Leben und habe diese Liebe jedes Mal mit einem Kind gekrönt. Darauf bin ich sehr stolz. Es heißt ja nicht umsonst: Aller guten Dinge sind drei! Ich bestelle mit gutem Grund auch immer einen dreifachen Espresso. Dafür werde ich übrigens auch oft dumm angeguckt.

Die Geburt meines dritten Kindes war jedoch die schwerste von allen. Dabei dachte ich eigentlich, ich wäre mittlerweile ein Profi und das würde wie mit dem Bretzelbacken gehen. Aber irgendwie waren mein Baby und ich beide noch nicht so weit. Erneut lagen wir über dem Geburtstermin, und die Wehen sollten eingeleitet werden. Das war ja so nichts Neues. Alle meine Kinder wollten länger im Mutterleib bleiben als ausgerechnet. Und ich glaube, gerade meine jüngste Tochter hätte diese zusätzliche Zeit auch tatsächlich gebraucht. Sie kam im Krankenhaus in Berlin zur Welt. Aufgrund meines fortgeschrittenen Alters hielt ich das für sicherer. Allerdings erwies sich der Start als schwierig.

Nach dieser nervenaufreibenden Geburt fiel ich nämlich in eine postnatale Depression. Das ist ein Thema, über das nur wenige Frauen offen sprechen. Da ist dieses wunderhübsche kleine Wesen, das du über alles lieben sollst, und obwohl es so bezaubernd ist, schaffst du es nicht so ganz. Es wird von dir erwartet, überglücklich zu sein und dieses Strahlen im Gesicht zu haben, wie die Mütter in der Werbung, die ihre perfekten Busen aus lupenreinen weißen Blusen holen und auf einer sattgrünen Wiese lächelnd ihren grinsenden Wonneproppen anlegen. Aber so ist es in den seltensten Fällen. Mit meiner kleinsten Tochter klappte das Stillen nicht, und alles fühlte sich falsch an. Gleichzeitig traute ich mich nicht, darüber zu sprechen und mir Hilfe zu holen, weil ich mich so schämte. Deshalb fing ich an, zu trinken.

Der Alkohol hat sich völlig unbemerkt in mein Leben geschlichen, und ich habe seine Anwesenheit lange Zeit überhaupt nicht hinterfragt oder als Problem wahrgenommen. Ich nehme an, so geht es neunzig Prozent aller Menschen. Ich liebte es, im Sommer Champagner zu trinken. Dieses Gefühl à la »Ich gönn mir was!« ist doch einfach herrlich. Champagner – das ist ein blubberndes Statussymbol zum Trinken, das im Körper dieses wohlig-kribbelnde Gefühl von Erfolg auslöst. Ja, Trinken macht Spaß und gehört zum Feiern doch auch einfach dazu. Man stößt auf eine Premiere an oder zum Geburtstag. Wir alle kennen das berühmte Feierabendbier, der Sundowner-Cocktail oder das Glas Rotwein in der Badewanne nach einem stressigen Tag. Es gibt kaum ein gesellschaftliches Ereignis, das nicht mit Alkohol begossen wird! Selbst die Kirche gibt einem Wein zu trinken. Das alles ist normal, bis der Alkohol irgendwann kein Genussmittel mehr ist, sondern eine Arznei zur Dämpfung der Lebensumstände – so wie bei mir. Den Grönemeyer-Song, in dem es heißt: »Alkohol ist dein Sanitäter in der Not«, habe ich erst Jahre später wirklich verstanden.

Ich fühlte mich furchtbar einsam, als meine Jüngste ein Baby war, und ich glaubte, als Mutter gescheitert zu sein. Ich hatte das Gefühl, diesem wunderschönen kleinen Mädchen nicht die Liebe geben zu können, die sie verdiente. Deshalb war ich überzeugt, diesen Sanitäter zu brauchen. Bei den ersten beiden Kindern hatte alles einfach so geklappt. Da war ich ganz natürlich, fast schlafwandlerisch unterwegs gewesen. Aber jetzt, beim dritten Kind, fühlten sich jedes Wickeln, jedes Wiegenlied und jeder Spaziergang an wie ein Marathon. Ich war so verzweifelt, dass allein schon meine Zahnbürste gefühlt zehn Kilo wog. Ich nahm alles um mich herum wie in Zeitlupe war und war überhaupt nicht vollständig anwesend. Wenn ich mit meiner Kleinen spielte, hatte ich oft das Gefühl, ich stünde daneben und schaute uns nur dabei zu. Mein Körper war wie eine Hülle, die ich von innen nicht ganz ausfüllen konnte. Ich hatte mich in mich selbst zurückgezogen und wusste nicht, wie ich wieder an die Oberfläche kommen und wahrhaft Anteil am Leben nehmen konnte. Diese dunkle Traurigkeit kroch in jede Zelle meines Körpers und verklebte mich von innen wie schwarzer Teer. Nur der Alkohol schien sie kurzzeitig wegspülen zu können. Ich wusste mir nicht anders zu helfen und hatte keine Hoffnung, dass es jemals wieder besser werden könnte. Meine Jüngste konnte ich nach wie vor nicht stillen und war darüber ganz froh, denn ich wollte sie nicht mit dieser Traurigkeit füttern.

Als der Vater meiner Tochter und ich uns später trennten, verbrachte die Kleine sehr viel Zeit bei ihm. Ich vermisste sie schrecklich, fühlte mich aber auch nicht in der Lage, mich besser um sie zu kümmern. Die Schuldgefühle deshalb zerfraßen mich. Also trank ich noch mehr. Ich kam überhaupt nicht mehr klar und suchte mir schließlich professionelle Hilfe. Eine Therapeutin unterstützte mich dabei, diesen Teufelskreis aus Schuld und Scham zu durchbrechen und meine Gefühle besser anzunehmen. Dadurch ließ die Depression zwar etwas nach, aber so richtig überwinden konnte ich sie erst, als ich Jahre später trocken wurde.

Krampus

Alkohol war in meinem Leben schon immer irgendwie präsent. Das erste Mal habe ich ihn aus Versehen getrunken. Ich war 13 Jahre alt und mit meiner Schulfreundin im Salzburger Land zum Krampuslauf verabredet. Der Krampus ist eine vorchristliche Schreckgestalt, die traditionell den Nikolaus begleitet. Am Vorabend des Nikolaustages ziehen als Krampus verkleidete Männer mit laut bimmelnden Glocken durch die Dörfer, um Passanten zu erschrecken. Für uns Kinder war es eine waghalsige Mutprobe, die Krampusläufer zu ärgern und dann schnell zu verschwinden, bevor sie uns mit ihrer Rute eine mitgeben konnten. Das war aber auch ganz schön gefährlich, denn manchmal hatten die verkleideten Männer Rasierklingen und Nägel an ihren Ruten befestigt und verletzten die Jugendlichen damit. Bei diesem Krampuslauf kamen wir aber zum Glück ganz ohne Blessuren davon.

Nachdem das Spektakel vorbei war, gingen wir zu meiner Freundin, wo ich auch übernachten wollte. Ich hatte ordentlichen Durst und holte mir aus ihrem Kühlschrank eine Wasserflasche – so dachte ich zumindest. Gierig setzte ich die Flasche an und kippte eine große Menge der Flüssigkeit meine Kehle hinunter, bevor ich meinen Fehler bemerkte. Das war gar kein Wasser, es war klarer Marillenschnaps – igitt! Ich spukte natürlich sofort alles aus und steckte mir den Finger in den Hals, um das eklige Zeug schnell wieder loszuwerden.

Wann ich dann das erste Mal absichtlich Alkohol trank, weiß ich nicht mehr. Bei uns zu Hause war das Trinken etwas Normales, gerade in der Generation meiner Eltern. Alkohol war ein gesellschaftlich anerkanntes Genussmittel. Überhaupt ist es ja die einzige Droge, bei der man erklären muss, warum man sie nicht nimmt. Es gibt ja auch genug Menschen, die ein Glas Wein genießen können, ohne davon abhängig zu werden. Aber das kann halt nicht jeder.

Mein Vater konnte es zum Beispiel nicht – er war ebenfalls Alkoholiker. Als Kind habe ich das nicht wirklich mitbekommen. Wir wunderten uns nur häufig, wie er von der halben Flasche Wein, die meine Eltern zusammen zum Abendessen tranken, so betrunken werden konnte. Heute weiß ich, dass er sicher noch mehr intus gehabt hatte. Wahrscheinlich waren irgendwo im Haus ein paar Flaschen versteckt.

Als ich ein Teenie war, drehte mein Vater in Afrika einen Film namens *Morenga*, der im Ersten Weltkrieg spielte. Die Dreharbeiten dauerten über vier Monate, die er fernab von jeglicher Zivilisation mitten im Busch verbrachte. Diese Zeit hat ihn sehr verändert. Ich glaube, er wäre lieber dort geblieben. Als er wieder zu Hause war, fiel mir zum ersten Mal auf, wie viele Flaschen Weißwein überall herumlagen. Das Etikett der italienischen Marke Orvieto habe ich noch ganz klar vor Augen. Mein Vater war nie aggressiv, wenn er getrunken hatte, er wurde eher sentimental und fast ein bisschen weinerlich. Aber als Kind hat mir das niemand erklärt. Wer weiß: Hätte ich gewusst, was damals mit ihm los war, hätte ich selbst später vielleicht anders gehandelt ...

Ein böser Freund

All unsere Handlungen sind entweder auf Lustgewinn ausgerichtet oder auf Unlustvermeidung – und bei beidem hilft Alkohol. Verantwortlich für Suchtverhalten ist das fehlgesteuerte Belohnungssystem in unserem Gehirn. Im Grunde sind wir alle süchtig – nach Dopamin, dem Glücksbotenstoff. Den bekommt man durch Drogen, Essen, Sex, Nervenkitzel, den Anblick lieber Menschen – für jeden sieht dieser Reizcocktail anders aus. Je nachdem, was man gelernt hat. Die Reiz-Reaktions-Kette funktioniert wie ein Kreislauf. Das limbische System, der älteste Teil des Gehirns, löst beim Anblick einer Schokotorte oder eines Glas Weins einen Reiz aus, den das Großhirn als bewusstes Verlangen erfasst. Es befiehlt dem Körper die konkrete Handlung: »Iss!« oder »Trink!« Nach dem Verzehr wird Dopamin ausgeschüttet, und das Glücksgefühl entsteht. Die Handlung wird als etwas Positives abgespeichert und bei Suchtkranken ständig wiederholt. Die Bereiche des Gehirns, in denen die Vernunft sitzt, die eventuelle Einwände geltend machen könnte wie: »Du bist doch eigentlich auf Diät!« oder »Es ist erst neun Uhr morgens, viel zu früh für Alkohol!«, sind während dieses Prozesses blockiert. Der Suchtdruck entsteht. Du hast keine Chance.

Ich war irgendwann gefangen in diesem Kreislauf. Der Alkohol gab mir Sicherheit und steigerte mein Selbstwertgefühl. Schließlich war jedes positive oder negative Ereignis in meinem Leben mit Alkohol verknüpft, sodass ich mir gar nicht mehr vorstellen konnte, dass es auch ohne gehen könnte. Ich erinnere mich noch an den Moment, als ich allein in meiner Wohnung über den Abend verteilt eine dreiviertel Flasche Weißwein trank. Das machen sicher viele Menschen in Deutschland ab und an mal. Ich habe jedoch nach dieser

Flasche nichts gemerkt. Keinen im Tee, keinen leichten Schwips, nicht mal dieses leichte Kribbelgefühl. Gar nix. Der Wein hatte einfach nicht mehr den Effekt, den er bringen sollte. Also brauchte ich mehr, immer öfter und immer härtere Sachen.

Als ich einmal in Spanien abends mit einem Kollegen unterwegs war, habe ich sage und schreibe zehn Gin Tonics getrunken, ohne nennenswerte Auswirkungen. Das muss man sich mal vorstellen!

Auch schon bevor ich mit meiner jüngsten Tochter schwanger war, war Alkohol ein Thema in meinem Leben. Mein damaliger Mann wies mich hin und wieder darauf hin, auch Freunde oder meine Mutter. Aber ich wollte das nicht hören und habe es überhaupt nicht ernst genommen. Ich hatte doch kein Problem! Ich könnte ja jederzeit aufhören, wenn ich nur wollte. Ich wollte eben einfach nicht. Der Alkohol ist wie ein böser Freund, mit dem du eine Beziehung eingehst. Er flüstert dir zu: »Komm schon, Baby, wir zwei machen uns einen schönen Abend. Du brauchst niemand anderen. Die verstehen uns sowieso nicht!« Es ist, als wäre man frisch verliebt und vergisst die Welt um einen herum, weil man sich nur auf seinen Lover konzentriert. Damals war ich mir sicher, dass ich nicht »zu viel« trank. Aber aus heutiger Sicht weiß ich, dass ich zu dieser Zeit schon abhängig war.

Der Alkoholismus bahnt sich stufenweise den Weg in dein Leben. Die erste Stufe ist es, allein zu trinken. Danach fängst du an, heimlich zu trinken, und wenn du bei Stufe drei angekommen bist und überall Alkohol bunkerst oder nervös wirst, wenn du nicht sofort überall Zugang zu Alkohol hast, dann kannst du dir sicher sein: Du bist Alkoholikerin. Heute weiß ich das. Damals war es mir nicht bewusst. Ich hörte ja auch niemandem zu, der mir die Wahrheit sagen wollte. Ich dachte, die wollen mir alle nur was Böses.

Meine Freundin Laura hat in dieser Zeit besonders viel von mir abbekommen. Ich kenne sie schon ewig. Als sie 19 war, stellte ich sie als Babysitterin für meinen Sohn ein. Zusammen reisten wir sehr viel. Sie kam oft mit zum Drehen, um auf den Kleinen aufzupassen. Damals gingen wir auch zusammen feiern. Später hat Laura angefangen, Medizin zu studieren, also musste ich mir eine neue Babysitterin suchen. Freundinnen sind wir bis heute geblieben. Laura ist jetzt Anästhesistin und Notärztin. Sie war eine der Ersten, die mir schonungslos die Wahrheit sagten.

»Muriel, du trinkst zu viel! Das ist ein Problem!«

Aber ich tat das als unbegründete Sorge ab. Natürlich wollte ich so was nicht hören und gab ihr ordentlich Kontra: »Du übertreibst! Nur weil du Ärztin bist, siehst du überall Symptome!«

Dennoch ließ sie nicht davon ab, mir den Zeigefinger regelmäßig in die Wunde zu legen. Einmal bat ich sie, mir eine Flasche Wein mitzubringen. Sie tat es, aber warnte mich gleichzeitig: »Das ist die allerletzte! Danach will ich dich nie wieder trinken sehen!«

Hat sie auch nicht – ich tat es von da an einfach heimlich. Eine Zeit lang haben wir uns deshalb aus den Augen verloren. Sicher, weil ich oft hart zu ihr war, vielleicht wusste sie auch nicht, wie sie mit mir umgehen sollte. Es ist schwer für Freunde, wenn sie mit ansehen müssen, wie ein geliebter Mensch dem Alkohol verfällt. Man kann so jemandem nicht wirklich helfen. Der Freund oder die Freundin muss selbst entscheiden, trocken zu werden. Man kann ihnen nur den Spiegel vorhalten und Hilfe anbieten. Laura war da unerbittlich und unbequem. Sie drohte mir: »Ich guck mir das nicht länger an«, und dafür bin ich ihr dankbar. Als ich dann trocken und reumütig war, stand sie sofort wieder auf der Matte und half mir durch die Zeit nach dem Entzug.

Doch bis ich auf sie hörte, dauerte es sehr lange. Selbst die Symptome meines Körpers ignorierte ich konsequent. Ich litt unter einer permanenten Magenschleimhautentzündung, habe jeden Morgen gekotzt und danach noch mehr Weißwein in mich reingeschüttet. Die Absurdität dieses Kreislaufs war mir überhaupt nicht klar.

Überall um mich herum bunkerte ich Alkohol, vor Freunden und meiner Familie verheimlichte ich das Problem oder spielte es herunter. Niemand durfte mitkriegen, was ich machte, so sehr schämte ich mich dafür. Ich fühlte mich wie der Trinker aus *Der kleine Prinz:*
»Warum trinkst du?«, wollte der kleine Prinz wissen.
»Weil ich mich schäme!«, antwortete der Säufer.
»Und warum schämst du dich?«
»Weil ich trinke.«

Das mit dem Verheimlichen klappte eine ganze Weile ziemlich gut, weil ich mich an einen so hohen Pegel gewöhnt hatte, dass ich nur ganz selten betrunken wirkte. Dabei hatte ich blaue Flecken am ganzen Körper, weil ich mich ständig überall anstieß. Unter Alkoholeinfluss kann man Abstände nicht mehr richtig einschätzen. Meine Kinder mussten mir Sachen zehnmal erzählen, weil ich alles vergessen habe. In Gesprächen verhielt ich mich wie eine Alzheimerpatientin und versuchte, irgendeinen Faden zu finden, der mich daran erinnerte, ob wir das Gespräch schon mal geführt hatten oder nicht. Ich sagte wiederholt Verabredungen ab und verlor dadurch Freunde. Die Sucht machte mich zu einer Lügnerin. Ich wurde beinahe asozial. Irgendwann war ich lieber mit einer Flasche Alkohol zusammen als mit Menschen. Natürlich machte mich das furchtbar einsam. Diese klare Flüssigkeit war die Projektionsfläche für meine inneren Bedürfnisse. Sie war meine Vertraute und meine Medizin. Mein heimlicher kleiner Machtbereich, diese eine Sache, die nur mir gehörte. Dieser böse Freund flüsterte mir zu: »Ohne mich geht's nicht« – und das machte er so lange, bis es wirklich nicht mehr ging.

Entzug

»**M**ein Name ist Muriel, und ich bin Alkoholikerin.« Was für ein blöder Satz! Das totale Klischee. Da stand ich also, in diesem muffigen Raum mit braun getäfelten Wänden im Volkshochschulzentrum, und fühlte mich völlig fehl am Platz. In einem Stuhlkreis saßen eine Handvoll Leute zusammen. Sie alle waren zwischen vierzig und sechzig und hatten traurige Augen. Der Leiter war ein kahlköpfiger Sozialpädagoge, der mich aufmunternd anlächelte. Das alles fühlte sich so falsch an. Ich erzählte brav meine Suchtgeschichte und ging danach nie wieder zu den Anonymen Alkoholikern. Ich war mir sicher, dass ich da nicht hingehörte. Ich sah mich gar nicht als Alkoholikerin. Gut, ich trank zu viel, das wusste ich schon. Aber Alkoholikerin? Das klang so ausweglos und unsexy. Das war ich nicht! Außerdem wollte ich auch gar nicht über Alkohol reden – ich wollte einfach nur keinen mehr trinken.

Meinen ersten Entzugsversuch unternahm ich in einer Privatklinik in der Nähe von Bad Saarow mit Töpfern, Malen, Gruppentherapie, Meditation und Yoga. Es ging sehr viel um Achtsamkeit, und der Aufenthalt fühlte sich eher nach einem Wellnessurlaub an als nach Krankenhaus. Ich war sechs Wochen dort und habe zwischendurch immer wieder heimlich Alkohol reingeschmuggelt. Allzu achtsam war das Pflegepersonal nicht. Das Gruppenturnen und Basteln war ganz nett, auch die Achtsamkeitsübungen fand ich sinnvoll. Man soll zählen, wenn der Suchtdruck losgeht, um das limbische System auszuschalten, das in diesen Einrichtungen liebevoll »Limbi« genannt wird, um sich irgendwie an die Krankheit »heranzukumpeln«. Aber die Gesprächsrunden hat mein Limbi total gehasst. Ich wollte weder die Leidensgeschichten meiner Mitpatienten hören noch von mir selbst erzählen. Habe ich natürlich trotzdem getan, aber gebracht hat es mir nichts. Als ich die sechs Wochen überstanden hatte, habe ich zu Hause erst mal eine Flasche Champagner aufgemacht. Mein Plan war, in der Klinik zu lernen, wie man kontrolliert trinkt. Aufzuhören war damals überhaupt keine Option für mich. Ich wollte lediglich eine Gebrauchsanweisung, wie ich mein Limbi abrichten konnte. Selbstredend ging dieser Plan nach hinten los.

Dann versuchte ich es mit den Anonymen Alkoholikern, aber dieses Treffen frustrierte mich noch mehr. Mir wurde dort der Spiegel vorgehalten. Ich sah Menschen, die es geschafft hatten, mit dem Trinken aufzuhören, und hörte, wie schwer es ihnen fiel, Tag für Tag weiter durchzuhalten. Davon wollte ich nichts wissen. Ich war einfach noch nicht so weit. Auch bin ich generell nicht besonders gruppenkompatibel, selbst wenn ich diese Selbsthilfegruppe im Prinzip für eine gute Sache halte. Aber es war eben so überhaupt nicht meins.

Ein Jahr später besuchte ich schließlich freiwillig eine öffentliche Suchtklinik. Die Klientel dort unterschied sich deutlich von der yogatreibenden Achtsamkeitsgruppe in Bad Saarow. In diesem Krankenhaus fühlte ich mich als totaler Fremdkörper. Dort trieben sich Patienten in T-Shirts mit rechtsradikalen Sprüchen drauf rum. Das machte mir richtig Angst. Ich teilte mir drei Monate lang ein Zimmer mit einer drogenabhängigen Stewardess und einer alkoholsüchtigen Stoffmodedesignerin. Das Klinikpersonal bemühte sich darum, uns »Kreative« zusammenzustecken, aber außer der Sucht hatten wir nichts gemeinsam. Das reicht ja auch erst mal. Wir wohnten zusammen, redeten hin und wieder miteinander und hielten uns ansonsten an den strengen Tagesablauf. Morgens Wassergymnastik, dann Frühstück, Gruppentherapie, Mittagessen, Korbflechten und so weiter. Jeder Tag war minutiös durch getaktet, dadurch sollten neue Routinen geschaffen werden. Das Mittagessen fand in einer riesigen Kantine statt. Als ich da saß und meine Nudelsuppe löffelte, spürte ich deutlich die Blicke der anderen Patienten. Sie fragten sich innerlich: Was macht denn die hier? Das ist doch die aus'm Fernsehen! In der ganzen Zeit sprach mich jedoch niemand darauf an. Nicht mal die Neonazis.

Das Entzugsprogramm der Klinik war gut, zeigte aber nicht die gewünschte Wirkung bei mir. Ich war ja der festen Überzeugung, dass ich gar kein Problem hatte. Während meiner Zeit dort trank ich immerhin keinen Alkohol, nur an den beiden Wochenenden, die ich zu Hause verbrachte. Das habe ich die Ärzte anschließend auch wissen lassen. Eine allzu große Überraschung war das für sie nicht, denn viele Suchtkranke planen ihren Rückfall. Das Problem ist gar nicht das eine Glas Wein nach einem Entzug, sondern dass dieses als Freifahrtschein gesehen wird, um sofort weiterzumachen. Und tatsächlich habe ich danach noch wesentlich mehr getrunken als davor.

Letzte Ausfahrt

Es war an einem Oktobernachmittag gegen vier Uhr. Die Herbstsonne tauchte die vom vormittäglichen Regen noch feuchten Straßen in ein goldenes Licht. Ich kam gerade von einer Essensverabredung mit einer Freundin zurück. Wir hatten viel gelacht und einen schönen Tag miteinander verbracht. Meine elfjährige Tochter saß mit mir im Auto. Ich hatte, wie ich später erfuhr, 1,45 Promille Alkohol im Blut, dachte aber, ich könnte noch fahren. Sicher zu Hause angekommen, parkte ich den Wagen. Dabei tuschierte ich ein Fahrrad, das hinter mir ungünstig auf dem Bordstein stand. Das ist ein Vergehen, und dafür übernehme ich auch die volle Verantwortung – aber einen »Suff-Crash«, wie die Boulevardpresse das Ganze später nannte, stelle ich mir anders vor. In diesem unglückseligen Moment kam eine Polizeistreife vorbei und stellte mich zur Rede. Ich gab meine Personalien an und war selbstverständlich bereit, den Schaden zu übernehmen.

Die junge Kommissarin fragte mich: »Haben Sie Alkohol getrunken?« Ich antwortete wahrheitsgemäß und sollte daraufhin mit zur Wache kommen, um einen Alkoholtest zu machen. Keine Frage, ich war einverstanden. Zuerst redete ich jedoch in Ruhe mit meiner Tochter, erklärte ihr die Situation und entschuldigte mich bei ihr. Die Kommissarin war davon so beeindruckt, dass sie mir versprach, meinen Namen so gut wie möglich aus der Öffentlichkeit rauszuhalten.

Während ich auf der Polizeiwache den Alkoholtest machte, kümmerte sich ein junger Polizist um meine Tochter. Sie durfte mit ihm im Polizeiwagen sitzen und das Blaulicht an- und ausschalten. Auch die Kommissarin war sehr freundlich und professionell. Sie sagte einen Satz zu mir, der mir noch lange nachklang: »Wenn ich es nicht gerochen hätte, hätte ich es nicht gemerkt!« Das erschrak mich. Mit fast 1,5 Promille im Blut verhielt ich mich nahezu unauffällig. Es war mein Normalzustand.

Die Polizei hielt tatsächlich dicht – als der Fall jedoch ein halbes Jahr später im Amtsgericht Tiergarten verhandelt wurde, informierte jemand die Presse. Und für die war das ein gefundenes Fressen. Ich hatte meine ganze Karriere über nie mit der Zeitung mit den vier Buchstaben gesprochen. Immer war ich darum bemüht gewesen, mein Privatleben aus den Medien herauszuhalten, und lieferte der Boulevardpresse so kaum Storys. Das nahmen sie mir übel. Der Unfall stellte für sie eine Steilvorlage dar. Eine Frau ist solch schlimmen öffentlichen Anfeindungen wesentlich stärker ausgesetzt als viele männliche Kollegen mit ähnlichen Problemen. Vielleicht weil von Frauen mehr erwartet wird. Vielleicht weil die Story der gefallenen Unschuld sich besser verkauft als die eines Bad Boys, von dem man eh nichts anderes erwartet.

Als ich an diesem Tag zum Amtsgericht Tiergarten zur Verhandlung ging, roch ich den Braten schon von Weitem. Ich wusste, da stimmte was nicht, und wartete ein Stückchen entfernt hinter einer Ecke. Da wurde ich schon fotografiert, ohne dass ich es überhaupt merkte. Die Bilder waren natürlich völlig unscharf, aber wahrscheinlich genau deshalb »schön authentisch«. Es war eine öffentliche Verhandlung, also ließen die Reporter ihre Diktiergeräte mitlaufen. Dagegen konnte ich nichts tun. Das Einzige, was mich vor der nachfolgenden Hasskampagne hätte schützen können, wäre gewesen, nicht zum Gerichtstermin zu erscheinen. Ich hätte stattdessen meinen Anwalt schicken können und wäre dann in Abwesenheit verurteilt worden. Der Fall war ja klar, ich hatte alles zugegeben. Aber ich wollte persönlich für das, was ich getan hatte, geradestehen. Das empfand ich als meine moralische Verpflichtung, auch gegenüber meinen Kindern. Leider brachte es mir nichts. Die Boulevardpresse und ich haben nun mal nicht dieselben moralischen Werte.

Am Morgen nach der Verhandlung wurde ich durch mehrere Anrufe einer Freundin geweckt. Als ich endlich ans Telefon ging, sagte sie nur: »Muriel, geh nicht raus!« Ich verstand zuerst überhaupt nicht, wovon sie redete. Tobte ein Gewitter oder gab es Sturmwarnung? Doch ein Blick aus dem Fenster verriet mir den Grund ihrer Besorgnis. Draußen bahnte sich tatsächlich ein Gewitter an – ein Blitzlichtgewitter, denn der Presseansturm war schon da. Vor meiner Haustür hatten sich unzählige Fotografen und Reporter versammelt und warteten auf ihre Beute – mich. Verdammt! Als ob ich nicht schon genug Sorgen hätte!

Diese Belagerung dauerte ganze drei Wochen. Jeden Tag wurde mein Name auf die Titelseite geklatscht. Und ich dachte nur: Habt ihr nichts Besseres zu tun? Gemeinsam mit meiner Tochter flüchtete ich aufs Land zu einer Freundin. Unsere eigene Wohnung konnten wir nicht mehr betreten. Weil sie mich nicht zu Gesicht bekamen, dachten sich die Journalisten dann einfach Statements von mir aus. Sie bestachen sogar meine Putzfrau, um irgendetwas Belastendes zu erfahren. Es war die Hölle auf Erden.

Irgendwann ebbte der Tumult etwas ab, und wir kehrten in unsere Wohnung zurück. Dennoch wurde ich noch mehrere Jahre danach belästigt. Selbst wenn meine Tochter dabei war, auch sie sprachen die Reporter an. Da habe ich einmal beinahe die Fassung verloren und zu einem Fotografen gesagt: »Ich gebe dir drei Sekunden, von hier zu verschwinden, sonst hol ich die Polizei – und wenn du noch einen Schritt näher kommst, hau ich dir in die Fresse!«

Warum gibt es wohl Fotos von Sean Penn, wie er einen Journalisten angreift? Auch wenn Gewalt keine Lösung ist, kann ich seine Reaktion durchaus nachvollziehen. Der Druck, der diesen Bildern vorausgegangen ist, die Beleidigungen und Angriffe auf sein Privatleben, die sieht man auf diesen Bildern nämlich nicht. Eine bekannte Person ist für die Presse nicht mehr als ein brüllendes Tier im Zoo, das zur Belustigung der Zuschauer angestachelt wird. Wenn es sich dann aufbäumt und sich wehrt, machen alle ihre Fotos und sind zufrieden. Ich musste zum Glück noch nie jemanden schlagen, doch allein diese Drohung wurde natürlich auch wieder gegen mich verwendet. Dabei wette ich, jede Mutter auf der Welt würde das Gleiche tun, wenn ihr Kind von diesen reißerischen Schmierfinken belästigt würde.

Sicher gibt es da draußen auch Leute, die denken: Selber schuld! Sie hat ja gesoffen und einen Unfall gebaut. Ja, das habe ich. Mea culpa. Es tut mir unendlich leid, und ich habe dafür geradegestanden. Gott sei Dank ist nichts passiert, und Gott sei Dank habe ich mein Leben wieder im Griff. Aber wer gibt einer Zeitung das Recht, mich zu verurteilen? Bestraft wurde ich vom Gericht mit 1.600 Euro Geldbuße. Das war allerdings der kleinste Preis, den ich bezahlen musste. Denn die Boulevardpresse hat mir den Krieg erklärt und mich und meine Kinder in eine jahrelange Schlammschlacht gezogen.

Dieser Unfall war ein Weckruf, aber noch nicht der große Wendepunkt in meinem Leben, wie es die Presse hin und wieder darstellte. Der absolute Tiefpunkt, der mich endlich zum Handeln zwang, folgte im Herbst 2017. Ein Jahr nach dem Unfall. Ich hatte in Stuttgart gerade einen Film fertig gedreht und bekam abends im Hotelzimmer eine Bluthochdruckkrise inklusive meiner ersten Panikattacke. Eine Panikattacke ist das furchtbarste Gefühl, das der menschliche Körper empfinden kann. Man denkt, man stirbt, aber bekommt alles glasklar mit. Das nackte Grauen! Ich lag bewegungsunfähig auf meinem Hotelbett und versuchte, irgendwie meinen Atem zu kontrollieren, während mein Herz fast explodierte. Selbst wenn ich gewollt hätte, wäre ich nicht in der Lage gewesen, Hilfe zu holen. Ich hatte keine Wahl, ich musste die Attacke ertragen, bis sie von allein vorüberging.

So einen Anfall hatte ich danach alle zwei Tage. Es überkam mich einfach, völlig aus dem Nichts. Zu Hause, im Badezimmer, im

Flugzeug. Mein Körper schrie förmlich: Alarmstufe Rot! Ich war nur noch am Kotzen. Mir ging es so schlecht, dass mir klar war: Wenn ich so weitermache, lebe ich nicht mehr lange. Es war zwei Minuten vor zwölf. Meine beste Freundin Judith legte dann schließlich den Notschalter um und brachte mich zur Charité in Berlin. Die Ärzte dort stellten mich vor die Wahl: entweder eine ambulante Betreuung oder die stationäre Aufnahme in die Psychiatrie. Ich entschied mich für Letzteres. Ich war völlig am Boden und wusste: Das ist meine allerletzte Ausfahrt! Wenn ich die nicht nehme, dann war's das. Das war am 21. Oktober 2017. Seit diesem Tag habe ich keinen Tropfen Alkohol mehr getrunken.

Mein dritter und hoffentlich letzter Entzug war die Hölle. Und das war auch gut so! In der Charité war es so trostlos und schrecklich, dass ich mir sicher war, hier nie wieder herkommen zu wollen. Da gab es keine Wassergymnastik und kein Yoga. Gesprächstherapien hatte ich ja auch schon alle hinter mir. Ich hätte wahrscheinlich mal wieder Körbe flechten können, aber ich hatte in meinem Leben schon so viele Körbe geflochten, dass ich damit einen Marktstand hätte aufmachen können. Tatsächlich tat ich dort gar nichts, außer keinen Alkohol zu trinken. Das war meine einzige Aufgabe. Jeden Tag. Es war ein kalter Entzug. Ich saß rum und wartete, dass die Zeit vergeht. Das Highlight des Tages war, durch den ockergelben Flur zur Teeküche zu gehen, mir einen wässrigen Kaffee einzugießen und auf dem kleinen Raucherbalkon mit Blick auf den Fernsehturm eine Zigarette zu rauchen. Danach ging ich wieder zurück in mein Zimmer und wartete darauf, dass es Abend wurde. So stelle ich mir das Leben im Knast vor. Wenn ich unterwegs den Chefarzt traf, gab er mir jedes Mal die Hand, manchmal mehrmals am Tag. Das war keine übertriebene Höflichkeit, wie ich zuerst dachte, sondern er checkte anhand des kalten Schweißes auf meiner Haut den Grad meiner Entgiftung.

Während der zehn Tage, die ich dort verbrachte, war ich völlig apathisch. Ich weinte nicht mal, sondern ertrug meine psychischen Schmerzen einfach stumm. Alle Gefühle, der Stress, die Ängste, die Unsicherheiten – all das, was ich jahrelang mit Alkohol weichgespült hatte, traf mich nun knallhart. Aber ich wusste, ich musste das aushalten. Sonst würde ich nicht überleben. So sagte mein Überlebenswille also endlich der Sucht den Kampf an.

Von meinen Freunden besuchte mich keiner in der Charité. Vielleicht nahmen sie das Ganze gar nicht mehr so ernst, weil das ja bereits mein dritter Entzug war. Ich wollte aber auch gar nicht, dass irgendjemand kam und mir seine Hilfe anbot. Ich musste das allein schaffen – und das tat ich auch. Diese Zeit war grau und kalt. Aber seitdem bin ich nüchtern.

Heute nicht!

Kurz nachdem ich aus der Charité nach Hause zurückgekommen war, verflog sich ein Vogel in unsere Wohnung. Zuerst dachte ich, es wäre eine Taube. Ich hasse Tauben, die heißen nicht umsonst Ratten der Lüfte. Aber dieser Vogel war keine Taube, es war eine kleine Amsel – mein Lieblingsvogel! An dem Tag, an dem meine große Tochter geboren worden war, hatte die erste Amsel des Jahres gepiepst, und ich wusste, dass der Frühling da war. *Blackbird* von den Beatles habe ich deshalb immer noch als Klingelton auf dem Handy. Ich hatte deshalb großes Mitleid mit diesem Tier und wollte es unbedingt retten. Wir öffneten alle Fenster in der Wohnung und versuchten, die Amsel möglichst sanft nach draußen zu befördern. Als das nicht klappte, gelang es mir irgendwann, ein Handtuch über sie zu werfen und sie vorsichtig zum Fenster zu tragen, wo ich sie schließlich freiließ. Später an diesem Tag saß ich am Fenster und schaute zu dem Kastanienbaum vor unserem Haus hinüber. Da saß die Amsel und sang für mich. Das war ein unbeschreiblich kraftvolles Erlebnis. In diesem Moment war ich mir sicher, ich würde es schaffen.

Als ich dann ein halbes Jahr trocken war, hat mir mein Sohn ein sehr wertvolles Geschenk gemacht. Eine lange silberne Kette mit vier Anhängern. Ein Anker für Halt, ein Paar Engelsflügel zum Schutz, eine Münze für Glück und ein Phönix – der Feuervogel. Diese Kette trage ich fast jeden Tag. Die starken Symbole, aber auch die Liebe meines Sohnes, die ich damit verbinde, haben mir während der Zeit meines Entzugs sehr viel Kraft gegeben. Denn nach den zehn Tagen in der Klinik war es ja noch lange nicht geschafft. Trocken zu werden, geht relativ einfach, trocken zu bleiben, ist die große Kunst. Denn es ist viel leichter, etwas zu tun, als etwas zu lassen. Das musst du nämlich jeden Tag.

Ich nahm mir vor, mir den Phönix tätowieren zu lassen, sobald ich ein ganzes Jahr trocken wäre. Die Kette meines Sohnes ist ein neues Familienerbstück, das ich vielleicht mal weitergeben werde, denn da steckt jetzt schon so viel Geschichte drin. Mittlerweile bin ich schon zwei Jahre trocken, und der Phönix, der aus der Asche seines früheren Ichs wiedergeboren wird, ziert heute meine linke Schulter. Dieses Tattoo ist mein Anker, mein Antrieb und repräsentiert mein großes Glück.

»Erziehung ist Vorbild und Liebe, sonst nichts«, sagte Pestalozzi. Lange Zeit war ich für meine Kinder kein gutes Vorbild, und dafür habe ich mich bei ihnen aus tiefstem Herzen entschuldigt. Ich war ihnen nicht die Mutter, die ich sein wollte, sondern viel zu oft benebelt und nicht wirklich für sie da. Gott sei Dank sind Kinder sehr flexibel und verzeihen viel. Mir selbst zu verzeihen, hat sehr viel länger gedauert. Meine große Tochter sagt mir heute noch manchmal, sie hat Angst, dass »es« zurückkommt. Sie hat meine Suchtphase natürlich mitbekommen. Die Alkoholsucht ist in der Tat ein »es«, das ich aus meinem Leben verbannt habe und vor dem ich meine Kinder so gut wie möglich schützen will. Deshalb habe ich offen mit ihnen darüber gesprochen. Ich habe meine Fehler zugegeben und die Verantwortung dafür übernommen. Ich bin sehr tief gefallen, aber Liegenbleiben war keine Option. Nach der schlimmsten Krise meines Lebens bin ich wieder aufgestanden. Ich hoffe, dass ich allen dreien in diesem Punkt ein gutes Vorbild bin.

Vor ein paar Tagen habe ich ein Video auf YouTube gesehen, in dem es um einen Vater ging, der alkoholkrank war. Er durfte seine Tochter nur in Begleitung des Jugendamtes sehen. Der Horror! Wenn ich den Kampf gegen den Alkohol verloren hätte, hätte mir das auch passieren können. Aber ich habe für mein Leben und für meine Kinder gekämpft, insbesondere für meine kleinste Tochter. Ich habe Prioritäten gesetzt und einen großen Teil meines Lebens für sie aufgegeben – den Alkohol. Ich wusste, dass ich nicht beides haben konnte, und mich richtig entscheiden zu können, hat lange genug gedauert.

In meinem Leben ist heute kein Platz mehr für Alkohol, weder in meiner Wohnung in Berlin noch in unserem Haus in Salzburg. Ich koche auch nicht mehr mit Alkohol. Das haben wir in der Privatklinik schon besprochen. Kochen ohne Alkohol? Wie soll das denn gehen? Früher habe ich alle Soßen mit Rot- oder Weißwein abgelöscht. Dafür musste ich Alternativen finden. Das war eins dieser Puzzlestücke, durch die das Bild vollständig wurde. Alkohol ist eine Droge, und Drogen gehören nicht ins Essen! Also habe ich ihn komplett aus meinem Leben verbannt. Auch meine Freunde konsumieren in meiner Gegenwart keinen Alkohol mehr. Wobei mich das mittlerweile gar nicht mehr stört. Letztens trank eine Frau im Kino neben mir einen Prosecco. Ich mochte nicht mal den Geruch.

Der Besitzer des kleinen Weinladens in der Knaakstraße, bei dem ich früher Stammkundin war, fragte mich übrigens neulich: »Sind Sie weggezogen?«

Ich antwortete nur: »Nein, ich trinke nicht mehr!«

Heute gehe ich auch nur noch einmal im Monat zum Altglascontainer, weil ich nur noch Honig- und Suppenfondsgläser recyclen muss und keine Flaschen mehr.

Klar gibt es dann auch diese anderen Momente, wo mein Blick mal irgendwo hängen bleibt. Wenn ich ein Paar mit zwei Gläsern Weißwein vor sich in der Abendsonne in einem Restaurant sitzen sehe, da bekomme ich schon Lust. Aber nicht um diesen Preis! Auf gar keinen Fall.

Mein Leben hat sich sehr verändert. Es ist nicht alles nur besser, sondern sehr vieles ist einfach anders. Ich muss jetzt allein stark sein, ohne meinen bösen Freund. Meine Gefühle muss ich jetzt in ihrer ganzen Fülle ertragen und den Umgang damit neu erlernen. Trauer, Verletzung, Enttäuschung, Fehlschläge, aber auch Freude fühlen sich ohne Alkohol als Schmierstoff sehr viel intensiver an. Es gibt Tage, da bin ich endlos traurig, bis ich merke, dass sich das Leben manchmal einfach so anfühlt – so ganz ohne Polster. Das ist schwer auszuhalten, aber es wird jeden Tag ein bisschen leichter. Ich bin jetzt achtsamer. Ich bin wirklich anwesend, nehme mehr Anteil an meinem Mitmenschen, bin transparenter und ehrlicher. Ich kann mir endlich wieder Dinge merken und weiß am Ende eines Satzes noch, was ich sagen wollte, als ich ihn angefangen habe.

Nach dem Entzug habe ich ein großes Geschenk von einem Kollegen bekommen: die Adresse eines sehr guten Suchtarztes, der alkoholkranke Menschen betreut. Der Kollege hatte gehört, dass dieser Arzt der beste seines Fachs sei. Deshalb war seine Praxis leider auch so überfüllt, dass er einen Annahmestopp angeordnet hatte. Doch mein Kollege gab nicht auf. Er bekam den Arzt schließlich persönlich ans Telefon und brachte das Killerargument: »Sie hat kleine Kinder! Bitte nehmen Sie sie auf!« Der Arzt fasste sich ein Herz und gab mir einen Termin.

Anfangs ging ich zweimal pro Woche in seine Praxis, heute telefonieren wir nur noch hin und wieder. Dieser Doktor ist mein Sicherheitsnetz, meine Motivation, wenn es mal schwierig wird. Er gibt mir die Kraft, durchzuhalten, und hilft mir bei Notfällen. Denn ja, manchmal denke ich tatsächlich noch ans Trinken, und manchmal gerate ich auch ins Wanken.

Einmal zum Beispiel saß ich mit meiner Tochter auf der Couch, und wir aßen Eis. Es schmeckte merkwürdig, und ich schaute auf die Packung: Rum-Traube! Panisch rief ich meinen Suchtarzt an. Doch der beruhigte mich, indem er sagte:

»Das ist nur ein Geschmacksstoff. Da ist kein Alkohol drin. Schmeckt es dir denn?«

»Nein!«

»Dann wirf es weg!«

An einem anderen Tag stand jedoch tatsächlich ein Rückfall im Raum. So was nennt sich Flashback. Es war ein schöner Sommertag, und meine Kinder waren alle aus dem Haus. Ich hatte mich mit einer Freundin zum Kochen verabredet. In der Lebensmittelabteilung eines großen Supermarkts kaufte ich frischen Fisch und fand mich plötzlich vorm Weinregal wieder. Vor meinem geistigen Auge sah ich, wie meine Hände zwei Flaschen meines Lieblingsweins aus dem Regal nahmen. Ich ging sofort nach draußen und rief meinen Arzt an. »Kauf dir was Schönes«, sagte der. »Was anderes als Alkohol. Vielleicht ein Schaumbad. Und dann geh nach Hause und ruf mich alle zehn Minuten an. Zu Hause sortierst du deinen Nagellack nach Farben und deine Milch nach Verfallsdatum.« Das ist das klassische Austricksmanöver zwischen Kleinhirn und Großhirn. Wie auch das Zählen. Durch das Sortieren wird das logische Denken aktiviert, und das Suchtgedächtnis verliert an Macht. Es dauerte aber bestimmt noch sechs Stunden, bis ich an diesem Tag wirklich da durch war und keinen Alkohol mehr trinken wollte.

Das Drama, das mir die Boulevardzeitungen beschert haben, hat sich auch extrem auf meine Rollenangebote ausgewirkt. Seitdem ist es für mich als Schauspielerin sehr viel schwieriger geworden. Viele trauen sich nicht mehr, mich zu besetzen. Als ich einen bekannten Produzenten in Berlin traf, druckste auch der ganz schön herum.

»Frag mich doch einfach!«, forderte ich ihn auf.

»Na, wie geht es dir denn so gesundheitlich?«, redete er um den heißen Brei herum.

»Du meinst, ob ich noch trocken bin? Wenn du einen Beweis brauchst, kannst du den haben.«

Ich war stolz auf mich, weil ich meine ehemalige Alkoholsucht so offen ansprechen konnte. Ich ging ehrlich damit um und war stark genug, um mich nicht zu schämen. Für diesen Mut wurde ich mit einer wunderbaren Rolle belohnt.

Jedes Mal, wenn ich heute mit der S-Bahn aus Charlottenburg in Richtung Alexanderplatz fahre, gibt es da diesen einen Moment, wo mir ein kalter Schauer über den Rücken läuft. Und zwar wenn wir an der Charité vorbeikommen und ich einen flüchtigen Blick auf den Raucherbalkon der Psychiatrischen Station erhasche. Dort, wo ich früher immer stand und geraucht habe. Ich danke Gott dafür, dass ich meine Alkoholsucht und diesen Entzug überlebt habe, und bete regelmäßig, dass ich nie wieder an diesen Ort zurückmuss. In der Zeit meiner Sucht hatte der Alkohol meinen Glauben ersetzt, weil er für all die guten und schlechten Erinnerungen zuständig war, denen sich sonst mein Glaube angenommen hätte. Der Alkohol lieferte Trost und Beistand, ich verdankte ihm aber auch Freude und Dankbarkeit. Deshalb betete ich in der Zeit der stärksten Abhängigkeit auch nie. Das wäre mir gar nicht in den Sinn gekommen. Erst als ich nüchtern war, konnte ich wieder glauben.

Jetzt, nach zwei Jahren, kann ich sagen: Ich bin guter Hoffnung, dass ich es schaffe. Ich habe unendlich viel über mich und das Leben gelernt und meine Wahrnehmung und mein Verhalten komplett umgekrempelt. Anstatt mich zu betäuben, übernehme ich jetzt Verantwortung. »Ich bin Alkoholikerin!« – dieser Satz macht mich frei. Ganz einfach, weil es die Wahrheit ist. Mir ist außerdem wichtig, dass meine Kinder mein Verhalten verstehen und begreifen, dass Alkohol etwas Gefährliches ist. Das durchbricht hoffentlich den Kreislauf der Sucht. Denn ich habe die Alkoholsucht meines Vaters nur halb wahrgenommen. Meinen Kindern soll das bewusst sein, auch wenn es wehtut und sie sich Sorgen machen. Aber es ist das Ehrlichste, was ich tun kann. Und damit steigt die Chance, dass die drei meinen Fehler nicht wiederholen.

Das Einzige, was ich von den Anonymen Alkoholikern damals mitgenommen habe, ist übrigens der Satz: »Heute nicht!« Das klingt nicht so absolut wie: »Ich werde nie wieder Alkohol trinken«, denn dabei würde sofort das rebellierende Suchtgedächtnis anspringen und auf die Barrikaden gehen. »Heute nicht!« – das impliziert, dass ich eine Wahl habe. Ich habe die Kontrolle und entscheide mich heute ganz bewusst gegen den Alkohol. Und morgen wieder. Und übermorgen. Und jeden Tag darauf. Heute nicht!

Popularität

Im Sommer war ich in Österreich in meinem Lieblingsstrandbad am Mattsee, schaute auf das glitzernde Wasser und hörte plötzlich eine weibliche Stimme neben mir:
»Entschuldigung, täusche ich mich?«
»Das weiß ich nicht!«, antwortete ich wahrheitsgemäß, hielt mir eine Hand über die Augen und blinzelte in das fremde Gesicht, das mich freundlich anlächelte.
»Sind Sie die Frau Baumeister?«
»Ja, das bin ich. Und wie heißen Sie?«
Die Frau stellte sich vor, wir quatschten ein wenig über das Strandbad und ein paar Filme von mir, die sie gesehen hatte, und dann wünschte sie mir einen schönen Aufenthalt in der Heimat. Begegnungen wie diese sind die freundliche Seite der Popularität.

Denn ja, es ist schön, auf meine Arbeit angesprochen zu werden. Das macht mich stolz. Wenn meine Kassiererin im Supermarkt, die ich schon ewig kenne, was zu dem Film sagt, der letzten Samstag im Fernsehen lief – das ehrt mich. Diese Form der Öffentlichkeit ist für mich völlig in Ordnung und gehört zu meinem Beruf dazu. Das ist Teil des Deals. Man kann nicht eine hohe Einschaltquote wollen und gleichzeitig erwarten, nicht auf der Straße angesprochen zu werden. Nur auf die Art und Weise kommt es an – und zwar mit Respekt. So wie auch ich jeden Menschen so respektvoll wie möglich behandle, genauso will auch ich behandelt werden. In möchte in einen wirklichen Dialog mit den Menschen treten, denen meine Filme gefallen oder von mir aus auch nicht gefallen haben. Letzteres ist ebenfalls sehr interessant für mich, und ich kann vielleicht noch etwas daraus lernen. Deshalb sage ich ja auch: Könnte ich es mir aussuchen, wäre ich gern eine Volksschauspielerin, aber eben nicht berühmt.

Ruhm ist ein so aufgeblasenes Wort. Eine leere Hülle, die sich über deinen Namen stülpt. So gut wie jeder hat dann schon mal irgendwas über dich gehört und assoziiert etwas mit dir. Sobald du berühmt bist, gehört dein Name nicht mehr nur dir allein. Für manche mag das verführerisch klingen – die Anerkennung und die ganzen Privilegien, die damit einhergehen. Man wird zu schicken Partys eingeladen, und Designer stellen einem ihre Kleider zur Verfügung – zumindest sofern man Größe 36 trägt. Das war's dann aber auch schon.

Die andere Seite der Medaille: Diese Ruhmeshülle bietet auch eine optimale Angriffsfläche für Spott und Beschimpfungen jedweder Art. In meinem Elternhaus wurde der ganze Presse-Hype, den ich in den Neunzigerjahren erfahren habe, überhaupt nicht ernst genommen. Meine Eltern haben mir sehr früh beigebracht, kritisch mit der Öffentlichkeit umzugehen und mich nicht auf diese Form der Anerkennung zu verlassen. Ich gehöre nicht zu den ehemaligen Kinderstars, die nicht mehr klarkommen, sobald der Ruhm und damit ihr Name mal verblasst. Das war nie mein Problem. Ich hatte dafür andere! Aber auf das Kompliment »Die Presse liebt dich!« bin ich nie reingefallen. Ich wusste immer: Das stimmt doch gar nicht! Wenn die Boulevardzeitungen positiv über mich berichteten, dann nur, weil es zu diesem Zeitpunkt die beste Story war, um eine möglichst hohe Auflage zu generieren. Würde ich dann plötzlich nicht mehr zu der coolen Jungschauspieler-Clique der frühen Neunzigerjahren gehören oder sonst irgendwie in Verruf geraten, würden sie sich eine andere Geschichte suchen, die wahrscheinlich eher nicht in meinem Sinne war. Und siehe da: Als ich mit Anfang zwanzig wegen der Enzephalitis mehrere Monate im Krankenhaus lag, kippte die Story von Deutschlands beliebtester Serientochter schnell zu der Headline »dem Tode geweiht«. Das stimmte zwar fast, war aber wirklich das Letzte, was ich lesen wollte, als ich in meinem Krankenhausbett die Zeitung aufschlug und nicht mal aufstehen konnte, um das Drecksblatt in den Müll zu werfen. Fotografen haben sich während dieser Zeit mehrfach in mein Krankenzimmer geschlichen, um mich heimlich abzulichten. Wie skrupellos kann ein Mensch sein, einer kranken Frau so etwas anzutun? Zum Glück verjagte Oberschwester Manuela sie alle wie Schmeißfliegen.

In Österreich hat der Schauspielberuf auch heute noch eine ganz andere Konnotation. Da schwingen nämlich das Künstlerische und das Handwerk mit. In Deutschlands Nachbarland ist es etwas Ehrenwertes, eine Schauspielerin zu sein. Die Österreicher lieben ihre Schauspieler. Es herrscht ein viel größerer Respekt vor dem Beruf und auch vor der Privatperson. In Deutschland ist meinem Gefühl nach eine Schauspielerin oder ein Schauspieler oft nur ein Promi oder eine Zielscheibe für die Öffentlichkeit. War man mal im Fernsehen, wird von einem erwartet, dass man jedes Detail seines Privatlebens ausplaudert. Das ist der Punkt, an dem ich durchdrehe: wenn die Öffentlichkeit denkt, sie hätte ein Anrecht auf meine intimsten Geheimnisse. Das ist nämlich etwas ganz anderes, als höflich von Zuschauern oder Zuschauerinnen angesprochen zu werden. Deshalb fand ich den kleinen Plausch mit der Frau im Freibad auch völlig in Ordnung. Sie wollte dann sogar noch ein Foto mit mir machen. Dazu war ich auch gern bereit, habe mir allerdings vorher noch schnell was angezogen.

In Zeiten des *Dschungelcamps* kann man allein fürs Berühmtsein berühmt sein, und darauf verzichte ich gern. Natürlich wünsche ich mir Anerkennung für das, was ich leiste, so wie jeder andere Mensch auch. Aber im nationalen Fernsehen nackt zu duschen oder Spinnen zu essen, halte ich für keine erstrebenswerte Leistung. Eine Rolle mit Leben zu füllen und mit einem anspruchsvollen Film das Publikum zu unterhalten, hingegen schon. Für Anerkennung würde ich niemals meine Seele verkaufen, denn die ist unbezahlbar. Private Urlaubsbilder oder – noch schlimmer – Fotos meiner Kinder wird man daher nie in der Öffentlichkeit sehen, sofern ich es verhindern kann. Wie man mit der Presse umgehen will, wie offen man ist und wie viel man von sich teilt, das muss natürlich jeder Künstler und jede Künstlerin für sich selbst entscheiden. Ich verurteile niemanden, der seine Urlaubsbilder verkauft. Aber wenn man es tut, muss man auch mit den Konsequenzen leben. Ich habe von der Boulevardpresse mehrfach das Angebot bekommen, mich von ihr »berühmt« machen zu lassen. Manche meiner Kolleginnen haben dieses Angebot auch genutzt, sie haben sich Reisen bezahlen lassen und viel Geld für Homestorys oder exklusive Hochzeitsbilder kassiert. Ich habe mich auf so einen Deal jedoch nie eingelassen. Auf diese Art wollte ich nicht Karriere machen. Außerdem: Wenn man sich von der Presse in den Himmel schreiben lässt, darf man sich auch nicht wundern, wenn sie einen fertig machen, sobald man mal gefallen ist. Der Boulevardpresse-Aufzug fährt nicht nur nach oben. Bist du einmal drin, können sie dich genauso schnell in den Keller fahren.

Influenza

Durch Social Media kann man ganz bewusst ein Image erschaffen, das genauso aussieht, wie man selbst gern gesehen werden möchte. Das machen viele Kolleginnen, um selbst entscheiden zu können, was sie teilen wollen und was nicht. Es gibt ganze Agenturen und unzählige selbstständige Social-Media-Berater und -Beraterinnen, die sich mit dem Aufbau einer solchen Online-Persona beschäftigen. Scheinbar authentische Blog-Posts werden oft von bezahlten Ghostwritern verfasst. Logisch, denn Social Media stellt mittlerweile die Werbeplattform Nummer eins bei der relevanten Zielgruppe dar. Eine große Online-Fangemeinde ist deshalb mittlerweile auch bei Film und Fernsehen ein sehr wichtiger Faktor bei der Besetzung von Rollen geworden. Je mehr Follower eine Schauspielerin hat, desto größer die Rolle, die sie ergattern kann. Oder sie bekommt die Rolle überhaupt nur wegen ihrer Follower, ganz unabhängig davon, ob sie eigentlich schauspielern kann oder nicht. Die eigene Vermarktung online gehört heute zum Job dazu, und die junge Schauspielgeneration geht damit völlig selbstverständlich um.

Diese Popularität auf Portalen wie zum Beispiel Instagram ist aber ebenfalls ein Deal mit dem Teufel. Denn sobald man sich dort öffentlich zeigt, ruft man die sogenannten »Trolls« auf den Plan – Menschen, die nichts Besseres zu tun haben, als den lieben langen Tag unter dem schützenden Mantel der Anonymität giftige Kommentare zu schreiben. Dessen sollte man sich bewusst sein. Alles, was man über sich selbst preisgibst, öffnet Türen und Tore für Spott, Häme und Missgunst. Ich mochte ja schon die »normale« Presse nie. Deshalb sucht man mich auch vergeblich auf Facebook und Co.

Was mich außerdem so richtig an diesem Social-Media-Getue nervt: Vieles davon ist einfach nur Selbstdarstellung ohne Mehrwert. Völlig absurd ist auch die nach außen hin so gern propagierte Individualität vieler Influencer. Der Name klingt nämlich nicht umsonst wie das Grippevirus – jede Zweite infiziert sich, und alle sind genervt. Ich gehe gern zur Fashion Week in Berlin und schaue mir die Arbeiten der Designer an. Genau da bekommt man auch immer viele diese Instagram-Sternchen in ihren »Uniformen« zu sehen. Dazu gehören: Weiße Turnschuhe mit extradicken Sohlen, die so ein bisschen nach orthopädischem Schuhwerk gegen Fußfehlstellungen aussehen. Dann Retro-Hosen mit leichtem Schlag, die bis zum Bauchnabel reichen, dazu bauchfreie Oberteile, getönte, große Nickelbrillen und mattroter Lippenstift. Die Gesichter dieser ach so individuellen »Influencer« sind mit Schminke dermaßen stark konturiert, dass alle exakt gleich aussehen und gegenseitig mit der Face ID ihre Smartphones entsperren könnten. Die Frisur wirkt unglaublich lässig und verwuschelt, so als seien sie gerade aus dem Bett gehüpft, dabei hat der Spaß in Wahrheit drei Stunden gedauert. Na ja, meins ist es nicht und innovativ und hipp schon mal gar nicht. Aber vielleicht merken diese Instagram-Sternchen auch gar nicht, wie identisch sie sind – wie auch, wenn sie ständig über ihren Handys brüten?

Mir ist es da viel wichtiger, für etwas zu stehen und Aufmerksamkeit für mehr als nur mich selbst zu bekommen. Als Schauspielerin will ich für meinen Beruf anerkannt werden und nicht für meine Fähigkeit, Selfies zu produzieren. Vielleicht lässt sich dadurch weniger Profit aus meiner Person schlagen – dafür bin ich hundert Prozent ich! Meiner Tochter habe ich neulich erklärt: »Ein Beruf ist etwas, das man so gut kann, dass einem andere Leute Geld dafür geben.« Die Insta-Sternchen können sich besonders gut in Szene setzen und werden dafür bezahlt. Das ist auch völlig in Ordnung. Man muss es eben nur wollen.

Schon oder noch?

Als meine kleine Tochter vier Jahre alt wurde, kaufte ich ihr einen großen Heliumballon in Form einer goldenen Vier. Damit spazierte ich durch den Prenzlauer Berg nach Hause und traf unterwegs meinen Kollegen Jürgen Vogel. Er schaute mich an und grinste: »Also ein biss'l mit dem Alter schummeln is' ja okay, aber ob du damit durchkommst?«
Ich lachte mich kaputt.
Aber er hat recht: Viele unserer Kolleginnen nehmen es mit der Angabe ihres Geburtsjahrzehnts nicht allzu genau. Und das hat Gründe! Die Fernsehbranche ist eine Maschinerie, die mit Menschen handelt. Caster suchen innerhalb von Rastern nach Bestzungen für bestimmte Rollen, und da kann es einen gewaltigen Unterschied machen, ob du 39 oder vierzig bist – denn ist Letzteres der Fall, fliegst du eventuell schon von vornherein raus. Das ist natürlich völlig unfair und idiotisch, denn manche Menschen sehen mit Anfang dreißig schon älter aus als vierzig und andersherum. Deswegen wird meistens auch ein Spielalter angegeben, also eine eher großzügige Einschätzung der äußerlichen Wirkung und der damit verbundenen Attraktivität. Aber auch da gibt es Kategorien. Ich stecke beispielsweise momentan in der Vierzig-bis-fünfzig-Schublade. Das denkbar schlechteste Jahrzehnt für eine Schauspielerin. Zu alt für die Heldin, zu jung für die Oma. Eventuell sollte ich mein Alter nach oben korrigieren, um dem Trend entgegenzuwirken. Das Doofe ist nur: Wenn man am Alter dreht, um engstirnige Besetzer und Regisseurinnen zu beeinflussen, muss man sehr früh damit anfangen. Zu Beginn meiner Karriere war ich ja erst 15 Jahre alt. Was hätte ich da angeben sollen? Weder zehn noch zwanzig hätte man mir geglaubt!

Am deutlichsten merkt man den Unterschied zwischen Jung und Alt daran, wie häufig in diesem Zusammenhang die Begriffe »schon« und »noch« verwendet werden. Ist man jung, ist man »schon so groß«. »Schon so früh« hat man Karriere gemacht und – einen Freund haben? »Jetzt schon?« Irgendwann kippt das Ganze, und man ist »noch zusammen«, »sieht noch gut aus« (für das Alter) und »steht immer noch vor der Kamera«. Und dann gibt es natürlich auch noch die alles entscheidende Frage: »Noch« Bikini oder »schon« Badeanzug? Als gäbe es für all das ein Ablaufdatum! Karriere, Liebesleben und Schönheit sind doch kein Joghurt. Mindestens haltbar bis ...? Und wer entscheidet denn bitte, bis wann?

Mir geht es richtig auf den Keks, wenn Leute mir zum »Fünfundzwanzigsten« gratulieren und dabei dieses dicke Grinsen im Gesicht haben, in der Annahme, ich hätte ein Problem mit meinem Alter. Ich bin 47 Jahre alt und stolz drauf! Ich habe 47 Jahre lang auf diesem Planeten überlebt. Ich bin keiner Naturkatastrophe zum Opfer gefallen, bin nicht von einer Straßenbahn überrollt worden, habe alle Krankheiten überstanden und Gott sei Dank meine Alkoholsucht überwunden. Das ist ein Grund zum Feiern. Warum sollte mir eine Zahl auf der Geburtstagstorte Angst machen? Auch vor der Fünfzig zittere ich überhaupt nicht. Wieso? Das ist doch einfach nur eine andere Zahl und weitere drei – hoffentlich glückliche – Jahre mehr, für die ich dann dankbar sein kann.

Meine Branche hingegen ist erfahrenen Frauen gegenüber leider sehr undankbar. Da liegt noch ein großes Stück feministischer Arbeit vor uns. Im Film bekommen Männer – egal, wie alt oder attraktiv sie sind – fast immer eine Freundin an die Seite gestellt, die 25 und superschlank ist. Der Typ kann fünfzig sein, aber seine Freundin ist selten älter als dreißig. Schauspielerinnen in den Vierzigern existieren nicht. Also, sie existieren natürlich schon, aber sie arbeiten kaum. Ab vierzig bist du in der Branche offiziell nicht mehr »fuckable«. Unfickbar eben. Das Gleiche gilt für übergewichtige

Schauspielerinnen, selbst wenn sie jung sind. Da kommt vielleicht mal eine lustige Rolle als die dicke beste Freundin der schlanken Protagonistin infrage, mehr aber auch nicht. Das Schlimme ist, dass Filme und Serien mit diesen Klischees Visionen im Unterbewusstsein von Menschen – vor allem von Kindern! – kreieren. Will man den meisten Filmen Glauben schenken, muss ein Mädchen demnach dünn und hübsch sein und kriegt ab vierzig keinen Mann mehr ab, während ein Junge später hauptsächlich reich sein sollte, um begehrenswert zu sein. Grauenvoll! Zum Glück gibt es immer mehr Initiativen, die mit diesen Geschlechterstereotypen in Film und Fernsehen aufräumen und fordern, ältere und auch übergewichtige Frauen zu besetzen, genauso wie Schauspielerinnen und Schauspieler mit Migrationshintergrund – und zwar nicht nur in typischen »Migranten«-Rollen. Bis sich in der Branche tiefere Veränderungen dahingehend ergeben haben, wird es aber sicher noch etwas dauern. Aktuell stecke ich also nach wie vor in der Alterszwickmühle fest und bin obendrein noch leicht übergewichtig. Doppelt Pech gehabt!

Da fällt mir übrigens das Noch-schon-Phänomen noch mal ein: Das funktioniert nämlich besonders gut bei diesen Vorher-Nachher-Bildern im Internet. Die gibt es auch von mir zuhauf! Links ist da zum Beispiel ein Bild von mir aus dem Jahr 1995, als ich noch jung und schön war, und daneben eins von heute, auf dem ich schon etwas älter bin. Und drunter steht so was wie: »Schockierend: So hat sich Muriel Baumeister verändert.« Ja, klar! Was habt ihr erwartet? Ich bin heute 25 Jahre älter als damals. Natürlich hab' ich mich verändert! Ich finde das auch nicht immer toll. Ich würde gern noch so aussehen wie 1995, aber – Spoiler-Warnung! – keiner von uns tut das. Was soll dieser Bildervergleich denn beweisen? Dass ich ein Mensch bin, der altert? Große Überraschung! Hätte ich nie gedacht. Das geht uns doch allen so. Der Unterschied ist nur: Von den meisten anderen Menschen findet man online keine Bilder, die zeigen, wie sie vor zwanzig Jahren aussahen.

Kratzspuren

Als Schauspielerin setze ich meinen Körper, meine Stimme und all meine Erfahrungen ein, um das Leben einer anderen darzustellen. Ich empfinde es als meine Berufsehre, jede Rolle, so gut ich kann, mit Leben zu füllen, mein Handwerk weiterzuentwickeln und mein Herz zu öffnen. Dafür bin ich mit diesem wunderbaren Beruf gesegnet, in dem ich die Höhen und Tiefen des menschlichen Daseins ausloten darf. Vor Kurzem habe ich bei einem Dokumentarfilm mitgemacht: *Die Verwandlung* von Regisseur Michael Harder. Verschiedene Kolleginnen und ich sprechen darin über unsere Zunft und unsere Rollen. Die Schauspielerin Ulrike Krumbiegel bringt es ganz gut auf den Punkt. Sie sagt, man sollte sich ganz genau überlegen, welchen Film man annimmt, denn jede Rolle hinterlässt Kratzspuren.

Meine wohl größte Herausforderung stellte sich mir in dem halbdokumentarischen Film *Die Hexe von Buchenwald*. Darin spiele ich die Frau des Lagerkommandanten, Ilse Koch. Der Kinderreim »Ilse Bilse, keiner will se, kam der Koch und nahm se doch!« bezieht sich auf sie. Sie war ein echtes Monster, eine Holocausttäterin. Es war das erste Projekt, vor dem ich richtig Angst hatte. Noch nie habe ich mich so intensiv auf eine Rolle vorbereitet. Ich las alles über sie und schaute mir Originalaufnahmen an. Mein mittleres Kind war damals noch klein. Als ich mich vorbereitete und sie das Buch mit einem Foto von Ilse Koch auf dem Umschlag sah, sagte sie nur: »Wer ist die Frau? Die ist böse!« Sie erfasste es mit einem Blick. Je mehr ich über diese Frau las, desto mulmiger wurde auch mir zumute. Ich hatte Zugang zu Originalfilmen aus dieser Zeit, allerdings hatten sie keinen Ton. Von Ilse Koch gibt es keine Tonaufnahmen, daher studierte ich ihre Körperlichkeit. Sie war sehr ausdrucksstark und strahlte eine gewisse billige Sexualität aus. In den Zeitzeugenberichten steht, dass sie auch Sex mit Lagerinsassen hatte. Diese Rolle ließ mich in die tiefsten Abgründe der Menschheit blicken. Sie zu spielen, hat mich an meine Grenzen gebracht. Wenn ich abends nach Hause kam, hatte ich jedes Mal große Schwierigkeiten, sie loszuwerden. Das ist schon ein wenig gruselig. Ich habe mich nicht mit ihr identifiziert, das ging gar nicht und wäre auch nicht gut für mich gewesen. Aber durch das Studium ihrer Körperlichkeit bin ich sozusagen in diese Frau hineingeschlüpft. Während der Vernehmungen damals machte sie sich breit, saß mit gespreizten Beinen im Vernehmungsstuhl und zeigte keinen Funken Reue oder machte gar ein Schuldeingeständnis. Das ließ sich in den Originalfilmen auch an ihrer Körperhaltung ablesen. Indem ich diese Haltung imitierte, bekam ich Zugang zu ihrer inneren Verfassung.

Als Schauspielerin muss ich einerseits offen sein für diesen Prozess, meinen Instinkten vertrauen und hinhören, was die Rolle mir sagen will, andererseits muss ich aber auch mich selbst und meine Seele schützen. Es ist nicht leicht, wertfrei eine Figur spielen, die von außen betrachtet verabscheuungswürdig ist. Zum Glück dauerten die Dreharbeiten für dieses Projekt nur etwa eine Woche, sodass ich mich danach relativ schnell wieder erholen und die Hexe von Buchenwald abschütteln konnte. Obwohl dieser Film keine besonders große Anerkennung erfahren hat, bin ich doch sehr stolz auf meine bisher schwerste Rolle. Bei jedem Projekt lerne ich etwas dazu. In diesem Fall war es das Abgrenzen von einer Rolle.

Auch für die Filmreihe *Käthe und ich* recherchierte ich intensiv. Ich spiele darin eine Frau, die einen Busunfall hat und fünf Jahre später aus dem Wachkoma aufwacht. In der Vorbereitungszeit war ich öfter in der Neurologie in Salzburg, sprach dort mit dem Professor und habe mir alle medizinischen Vorgänge erklären lassen. Ich las alles über epileptische Anfälle, weil meine Figur später einen solchen Anfall bekommt. Und ich sah auch Menschen, die tatsächlich im Wachkoma liegen. Dem Professor war es wichtig, mir das zu zeigen. Ich hatte sehr viel Respekt vor der Privatsphäre dieser Patienten. Sie liegen mit offenen Augen da, atmen, aber sind nicht anwesend. Sie haben keinerlei Kontrolle über ihre Körper. Ich bekam auch die Chance, mit Menschen zu sprechen, die im Wachkoma lagen und daraus zurückgekehrt sind. Ich habe studiert, wie sie laufen und wie sie nach Worten suchen. Ich sehe es als meine Pflicht, so präzise wie möglich für eine Rolle zu recherchieren, schon aus Respekt den echten Patienten gegenüber. Diese Genauigkeit gehört zu meinem Handwerk dazu und unterscheidet eine Schauspielerin von einer Darstellerin.

In *Käthe und ich* gibt es eine sehr schöne Szene: Mariele Millowitsch spielt eine patente Oberschwester, die einer anderen Schwester klarmacht, dass sie rücksichtsvoller mit der Patientin, also mir, umgehen soll. In dieser Szene nimmt sie einen nassen Lappen und fährt der anderen Schwester damit lieblos übers Gesicht.»Wollen Sie so gewaschen werden?!« In dieser Rolle erinnerte sie mich sehr an meine Oberschwester Manuela damals in Hamburg.

Als ich von den Dreharbeiten nach Hause kam, war ich einmal mehr dankbar, dass ich diese Situation nur hatte spielen müssen. Dankbar dafür, dass ich damals die Enzephalitis und später meine Alkoholsucht überlebt habe.

In dem Historiendrama *Das Bernstein-Amulett* stand ich mit meinem damaligen Lebenspartner Pierre gemeinsam vor der Kamera. Eine Szene stellte uns dabei vor eine besonders große Herausforderung. Der Charakter, den Pierre verkörperte, vergewaltigt meine Figur. Harter Tobak. Ich nehme an, zwei verheiratete Steuerberater, die gemeinsam arbeiten, stehen nicht vor solchen Herausforderungen. Mein großes Idol, die unerreichbare Romy Schneider, sagte einmal:»Lieber einen Freund küssen als einen Fremden!« Und so sehe ich das auch. Solch eine Szene zu spielen, ist immer schwer.

Aber es gibt Kollegen, mit denen mir das schwerer oder leichter fällt, je nachdem, welches Grundvertrauen zum Spielpartner da ist. Vor Beginn der Szene hielten Pierre und ich uns ganz fest an den Händen und sahen uns tief in die Augen. Dann nickten wir uns zu und starteten professionell mit dem Dreh. Als wir fertig waren, umarmten wir uns lang, schüttelten die Rollen ab und waren wieder Pierre und Muriel.

Ich bin, wie schon Herr De Fazio damals beim Schauspielworkshop erfahren musste, keine Freundin davon, bei der Arbeit private Situationen oder Erinnerungen zu »benutzen«, um mich in eine Empfindung hereinzuschrauben. Das halte ich für ungesund. Wenn ich mit Pierre spiele, dann sind wir in diesem Moment Kollegen und sonst nichts. Unsere private Verbindung blende ich komplett aus. Ich würde auch niemals an meine Kinder denken, wenn ich eine Mutter spiele. Mit meinem Spezialtrick, bei dem ich jeden Take mit geschlossenen Augen beginne, schütze ich mich noch mal zusätzlich. Ich gehe dabei kurz in mich, wie bei einer Meditation. Wenn ich die Augen dann aufmache, ist Muriel weg und ich sehe alles durch die Augen der Figur.

Bei einem *Spreewaldkrimi* musste ich sogar noch etwas weitergehen. Ich spielte eine Frau, die entführt und von einer echten Schlange bedroht wird. Sie bricht danach psychisch völlig zusammen. Zugegeben, es gibt angenehmere Arbeitstage, aber ich liebe ja Herausforderungen! Den ganzen Drehtag über zog ich mich in mich zurück, ich versteckte mich förmlich unter einer Art unsichtbaren Käseglocke und war wie in Trance. Während einer Umbauphase saß ich hochkonzentriert und angespannt auf meinem Stuhl am Set und sah den Aufnahmeleiter in meine Richtung kommen. Ich nahm ihn wie durch einen Tunnel wahr und dachte nur: Wenn der mich jetzt anspricht, dann schrei ich! Das muss ich auch ausgestrahlt haben, denn er machte einen weiten Bogen um mich herum. Als die Szene abgedreht war, legte ich den Schalter wieder um und war auf einmal ganz da. Sogar ein wenig frischer als vorher, denn die echte Muriel hatte ja einen ganzen Tag Pause gehabt.

Es ist tatsächlich immer eine Ermessensfrage, wie weit man sich einerseits auf bestimmte Figuren und Situationen einlässt und wie viel Schutz man auf der anderen Seite benötigt. Immer auf Nummer sicher zu gehen, würde hölzernes, uninspiriertes Schauspiel produzieren, das totale Reinschmeißen wiederum ist nicht gut für die Seele. Dieser Balanceakt ist Teil der Professionalität im Beruf, denn der Profi unterscheidet sich vom Laien nicht nur darin, wie gut er oder sie ist, sondern auch durch die Wiederholbarkeit seiner oder ihrer Leistung. Profis wissen, was sie tun, und können bestimmte Verhaltensweisen und Gefühle immer wieder herstellen, auch ohne Seelenstriptease. Zur Professionalität gehört es ebenfalls, immer die eigene Figur zu verteidigen und niemals klüger als die Rolle sein zu wollen. Ich musste meine persönliche Abscheu gegenüber Ilse Koch vor der Kamera ablegen, sonst hätte ich sie nicht glaubwürdig verkörpern können.

Aber nicht nur jede einzelne Rolle hinterlässt Kratzspuren, sondern auch das Business selbst. Ich will nicht klagen. Ich gehöre zu den Glücklichen, die viel drehen durften. Aber auch ich muss leider zugeben, dass es mit Rollen für Frauen über vierzig langsam eng wird. Die Drehbücher stapeln sich nicht gerade bei mir. Außerdem werden die Gagen immer weiter gekürzt. Einige wenige Stars verdienen sehr viel, die schauspielerische Mittelschicht dafür immer weniger. Ein zusätzliches Problem ist, dass meine Zunft selten die Möglichkeit hat, Arbeitslosengeld zu beantragen. Kaum ein Schauspieler oder eine Schauspielerin bekommt genug Drehtage, um die Auflagen der Arbeitsagentur zu erfüllen. Daher müssen wir Hartz 4 beantragen, wenn wir gerade an keinem Projekt arbeiten. Bei vielen älteren Schauspielern, sogar ehemaligen Stars, reicht die Rente nicht zum Leben. Diese traurige Wahrheit habe ich einmal öffentlich in einem Interview preisgegeben und wurde von Kollegen und Kolleginnen dafür angefeindet und als Nestbeschmutzerin beschimpft. Keiner gibt das gern zu, vielen ist es peinlich, und niemand will es wahrhaben – auch das Publikum nicht. Aber ich denke, wir müssen darüber sprechen. Nur so können wir etwas an der Situation verändern.

Die Schauspielerei ist wie kaum ein anderer Beruf geprägt vom ständigen Zyklus des Hinfallens und Wiederaufstehens. Man weiß nie, ob ein Projekt funktioniert, wann die nächste Rolle kommt und ob man ihr gerecht werden kann. Aber es ist auch der schönste Beruf auf Erden, weil man darin Welten erschaffen und Menschen berühren darf. All der Schmerz und die Unsicherheit, die Angst und manchmal auch der Neid – sie sind es wert, wenn man dafür nur spielen kann. Rainer Maria Rilke beschrieb in seinem Werk *Briefe an einen jungen Dichter* die Leidenschaft für die Kunst sinngemäß so: Wenn du sterben müsstest, dürftest du es nicht tun – dann ist es richtig.

Schauspieler oder Schauspielerin kann man nicht mit halbem Herzen sein. Man muss immer wieder sein Herz öffnen und neu beginnen. Schließlich geht es um nichts Geringeres als die Natur des Menschen. Dafür gibt es keinen ultimativen Leitfaden. Aus echtem Schauspiel, das von Herzen kommt, setzt sich ein Puzzle zusammen, das ein Abbild unserer Wahrheit darstellt. Das Einzige, was wir Schauspielerinnen und Schauspieler tun können, ist, unser Handwerk nach bestem Wissen und Gewissen auszuüben und zu hoffen, dass wir auch beim Publikum Kratzspuren hinterlassen.

Berlin

Berlin ist nicht meine Wahlheimat. Unser Verhältnis ähnelt eher einer arrangierten Ehe. Die Stadt und ich leben in gegenseitigem Einverständnis. Wir gehen nicht besonders leidenschaftlich miteinander um, aber wir respektieren uns. Meine Kinder wohnen hier, also bin ich wohl oder übel auch an die turbulente, raue, dreckige Hauptstadt gebunden. Ich mag Berlin – und das ist so ziemlich das netteste Kompliment, das ich dieser Stadt machen kann. Aber ich weiß auch, Berlin wäre mir nicht böse. Hätte Berlin eine Stimme, würde sie vermutlich antworten: »Du, Muriel, det is doch völlich in Ordnung!«

Trotz aller Schwabenklischees mag ich vor allem meinen Kiez im Prenzlauer Berg mit dem Wochenmarkt, auf dem man von gefilzten Narrenkappen bis zur handgeschöpften Bio-Lakritze alles bekommt, was das Herz begehrt. Zum Glück ist es den Leuten hier scheißegal, wer du bist, oder was über dich in der Zeitung steht. Mit dem Schmierblatt, das gestern noch Hackfleisch aus mir gemacht hat, werden am nächsten Tag die Bio-Bouletten eingewickelt, und keinen interessiert's. Das liebe sogar ich an Berlin!

Ich mag auch die berühmte Berliner Schnauze. In einem Späti habe ich mal eine lustige Szene erlebt. Ein junges Mädel fragte den älteren Ladenbesitzer mit Schnäuzer und Lederweste: »Ähm, wenn ich da runtergehe, ist dann da der Alex?«

Er servierte ihr prompt: »Der Alex is och da, wenn de da nich runterjehst!«

Meine jetzige Wohnung im Prenzlauer Berg habe ich bereits seit zwölf Jahren. Ich hatte Glück, damals noch eine relativ günstige, großzügige Altbauwohnung zu bekommen. Gerade der Prenzlauer

Berg ist ja zum Inbegriff der Gentrifizierung und der damit verbundenen absurd teuren Mieten geworden. Immobilienbesitz hat in Berlin oft nicht viel mit Liebe zu tun, sondern ist eher eine Geldanlage. Hier kauft man Wohnungen zum Weitervermieten. »Eigenbedarf« ist vielleicht ein Kündigungsgrund, aber bedeutet keine wahre Wertschätzung für eine Wohnung. Im Salzkammergut heißt Grundbesitz dagegen, ein Zuhause aufzubauen, das an die nächste Generation weitergegeben wird.

Momentan teile ich mir mein Zuhause in Berlin noch mit der nächsten Generation. Unsere Wohnung ist mein Bunker, zu dem nur wenige Menschen Zutritt bekommen. Meine Privatsphäre ist mein Heiligtum. Nur in meiner Wohnung kann ich voll und ganz ich sein und in Ruhe meinen Vorratsschrank sortieren. Nicht, dass ich das sehr oft tue, aber ich könnte es. Und diese Freiheit zählt!

Seit meiner Scheidung von Rainer habe ich nie wieder mit einem Mann zusammengewohnt. Das ist nicht so meine Stärke. In all meinen Beziehungen hatten wir zwei Wohnungen. Wenn man verliebt ist, möchte man natürlich jede freie Minute mit dem Subjekt der Begierde verbringen, aber dennoch habe ich festgestellt: Hormone passen auch in zwei Wohnungen. Sich eine Nacht mal zu vermissen, steigert ja bekanntlich auch die Vorfreude. Das hat Andy Warhol am treffendsten ausgedrückt: »The idea of waiting for something makes it more exciting. – Der Gedanke, auf etwas warten zu müssen, macht es aufregender.« Ich brauche meinen Rückzugsort, mein Nest, und ich bin nicht bereit, meinen Lebensraum dauerhaft zu teilen. Meine Wohnung habe ich über Jahre hinweg liebevoll eingerichtet. Da stimmt alles – von den frischen Blumen bis zur Sofafarbe. Mein Zuhause ist mein erweitertes Ich, ein begehbarer Ausdruck meiner Persönlichkeit. Besucher dürfen gern kommen, aber sie müssen bestimmte Regeln einhalten. Vielleicht bin ich da etwas pingelig. Ich bin gastfreundlich, wenn jedoch jemand seine Jacke über meinen Küchenstuhl hängt, werde ich ungehalten.

In meinem Kiez suche ich mir vor allem die Ecken aus, die ein wenig nach Heimat schmecken. Wenn ich am Wochenende mit meiner kleinen Tochter über den Kollwitzmarkt spaziere und wir an jedem Stand ein bisschen was probieren dürfen, ein Äpfelchen hier und einen Keks da, dann fühlt sich das ein wenig nach dem Naschmarkt in Wien an. Die Meierei am Kollwitzplatz führt auch die einzig akzeptable Extrawurst. Das ist eine Art Kalbslyoner, nur leckerer – ein Muss für alle Ösis. Auch der Kontakt zu den Bauern auf dem Markt erinnert mich an daheim. Wenn die Blumenfrau meine Kleine fragt: »Na, schon wieder ein Zahn raus?«, dann habe ich das Gefühl, ich gehöre an diesem Ort dazu. Ich gehöre hier zwar nicht *hin*, aber dazu. Ich wäre lieber in Österreich, aber auch im Berliner Exil lässt es sich gut leben.

Pregnant Hill

Der Prenzlauer Berg ist einer der kinderreichsten Flecken Europas. Es ist der Ort, an dem man sich als Frau für einen Kitaplatz bewerben muss, sobald man auch nur einen attraktiven Typen in der S-Bahn sieht. Es ist der Kiez der überachtsamen Helikoptermütter, die einem Zweijährigen groß und breit erklären: »Ich finde es aber nicht schön, dass du den Bio-Apfel jetzt runtergeworfen hast. Dafür hat Mama lange in der LPG angestanden. Wollen wir uns mal gemeinsam überlegen, was wir da jetzt tun können?« In dem Punkt wäre ich direkter: »Aufheben, sofort!« Erklärungen ja, aber zu viele Worte können ein Kind auch überfordern. Im Prenzlberg toben auf dem Spielplatz mehr Eltern rum als Kinder. Wenn ein Kind auf dem Klettergerüst hoch hinaus will, steht immer eine Mutter oder ein Vater daneben und passt auf, dass es bloß nicht abstürzt. Dass dem Sprössling dabei gleichzeitig Misstrauen in die eigenen Fähigkeiten suggeriert wird, vergessen viele.

Auf unserem Lieblingsspielplatz am Kollwitzplatz habe ich mal eine seltsame Szene miterlebt. Da kam ein lesbisches Paar mit einem kleinen Mädchen auf den Spielplatz. Von den beiden Frauen war eine ganz jung, vielleicht zwanzig Jahre alt. Sie hatte lange, dunkel gefärbte Haare, bei denen die naturblonden Ansätze rausgewachsen waren. Die andere Frau war ein etwas burschikoserer Typ um die dreißig mit Undercut-Frisur. Das Kind war sehr dünn und trug ein billiges, glänzendes Taftkleid, fast wie ein Faschingskostüm, mit dicken weißen Strumpfhosen, die für diesen Tag eigentlich viel zu warm waren. Ich sah sofort, wie diese Familie ausgegrenzt wurde. Die anderen Prenzlauer-Berg-Mütter mit ihren Apfelschnitzen und drei Ladungen Wechselwäsche im Buggy machten sich nicht mal über sie lustig – sie ignorierten sie komplett. Die drei existierten nicht in dieser Welt. Und das spürten sie auch. Als das Mädchen dann eine Sandschaufel von uns haben wollte, kam die jüngere der beiden Mütter und hielt sie zurück: »Nein, das gehört uns nicht!« Ich habe ihr die Schaufel natürlich trotzdem gegeben. Es ist Spielzeug, das ist für alle da! Ich gehöre nicht zu der Sorte Mutter, die ihren Namen und die Telefonnummer mit Edding auf die Sandkastenförmchen schreibt. Wirklich – das gibt's! Über das Gesicht des Mädchens huschte ein schüchternes Lächeln. In diesem Moment schämte ich mich richtig fremd für die ach so aufgeklärte, tolerante Berliner Hipstergesellschaft, die Menschen ausgrenzt, nur weil sie nicht ihrem Dresscode entsprechen.

Für viele Mütter hier sind ihre Kinder der Nabel der Welt. Man sieht sogar manchmal Strampler mit dem Aufdruck »Lebensinhalt«. Das ist zwar ironisch gemeint, trifft aber voll ins Schwarze. Die Kinder werden oft als Expansion des eigenen Ichs gesehen. Diesen Hype ums Elternsein finde ich absurd. Die Spitze erreicht es dann mit den sogenannten »Mom-Bloggerinnen« und »Instagramamas«. Mit Hashtags wie »#happymom«, »#happyfamily« und »#familygoals« wird einem auf Social Media vorgegaukelt, wie eine perfekte Familie auszusehen habe. Natürlich inklusive Kind, das als Häschen verkleidet im kuschelig-durchwühlten Ehebett der Eltern schläft (#socute #solucky), der perfekt geschminkten Mami, die nur zwei Wochen nach der Geburt wieder aussieht wie ein Model (#mom4life #afterbabybody), und den 178 nachhaltigen, glutenfreien Ideen für die Bento-Box (#healthyliving).

Nachdem ich drei Generationen von Spielplatzeltern miterlebt habe, muss ich leider sagen, dass es noch nie so schlimm war wie heute! Es gibt so viele unausgesprochene Codes, nicht nur für Klamotten und Lebensmittel. Das eigene Kind soll möglichst viel Spaß haben, es soll sich nicht übervorteilen lassen und stets im Mittelpunkt der Aufmerksamkeit stehen. Meine kleine Tochter und ich bauen gern Einhornwelten. Das hat sie sich mal ausgedacht. Sie gibt das Kommando, und ich führe aus. Dazu nehme ich einen Eimer Sand und stülpe ihn um wie einen Kuchen, obendrauf wird dann mit einer Cupcake-Form ein Horn gezaubert. Davon bauen wir stundenlang eins nach dem anderen, immer rund um den Sandkasten. Doch die aufmerksamkeitsverhätschelten Kinder haben dafür überhaupt keinen Respekt. Weder für unsere Arbeit, noch für Einhörner – die latschen die einfach platt! Und das Schlimmste ist: Ihre Eltern sagen da gar nichts dazu. Wahrscheinlich lässt Torben-Skywalker seinen Frust auch einfach an unseren Einhörnern aus, weil er von seinem Chinesisch- und Dudelsackunterricht und der alternativen Trommeltherapie völlig überfordert ist. Da muss man Verständnis für haben.

Ähnliches spielt sich beim Kampf um die Schaukel ab. Auf den überfüllten Spielplätzen im Prenzlberg, wie der Bezirk auch liebevoll genannt wird, gibt es jeweils maximal zwei Schaukeln. Dazu gibt's dann auch immer eine Schlange mit der entsprechenden Hackordnung. In den panischen Augen der Eltern lässt sich geradezu die Angst ablesen, ihr Kind könnte benachteiligt werden. Wer weiß, was das später mal für Auswirkungen hat! Vielleicht schlägt sich der kleine Prinz dann als Erwachsener auch bei Gehaltsverhandlung nicht gut, wenn er heute zu früh seinen Platz auf der Schaukel abtritt. Oder die kleine Prinzessin will am Ende, völlig antifeministisch, gar nicht so hoch hinaus bis in die von den Eltern angestrebte Führungsposition, wenn sie mit drei Jahren nicht bis in den Himmel schaukelt. Denn da wir ja alle die einschlägigen Erziehungsratgeber und Selbsthilfebücher gelesen haben, wissen wir: Der Grundstein für den späteren Erfolg eines Menschen wird in der Kindheit gelegt. Und das fängt bei der Schaukel an!

Ich finde, meine Tochter kann auch mal warten, und wenn eine Reihe von schaukelwilligen Kindern samt Angsteltern hinter ihr steht, muss sie Rücksicht nehmen und die eigene Schaukelzeit entsprechend anpassen. Das nennt sich Sozialverhalten. War früher mal modern.

Mattsee

Wenn ich heute im Sommer in Österreich bin, verbringe ich meine Zeit dort am liebsten am Mattsee. Dort gibt es eins der ältesten Strandbäder Österreichs, es stammt noch aus der Zeit der vorletzten Jahrhundertwende. Mit dreieckigen Umkleidekabinen und nichts weiter als einem alten Holzhaus mit einer Schublade, in der Zeitungen und Bücher liegen, die andere Menschen hier zurückgelassen haben. Es gibt eine Liegewiese für die älteren Herrschaften und eine für die Kinder, einen Sprungturm und drei Flöße.

So wie Frederick, die Maus aus dem Buch von Leo Lionni, Sonnenstrahlen und Farben für die kalten Wintertage sammelt, liege ich an meinem letzten Urlaubstag auf einem der Flöße auf dem Mattsee und tanke ebenfalls Heimatenergie auf. Ich sammle das Geräusch des Wassers, wie es ums Floß schwappt, und lasse meine Hände über das von der Sonne aufgeheizte Holz gleiten. Mit meinen Handflächen »fredericke« ich dieses raue, warme Gefühl. Dann fahre ich mit meinen Händen über das glitzernde Wasser und teste mit sanftem Druck die Oberflächenspannung, während ich den Kindern lausche, die ein Stück entfernt unter fröhlichem Geschrei vom Sprungturm ins Wasser platschen. Mit meiner Nase sauge ich dabei diesen einmaligen Mattseeduft ein. Eine Mischung aus Seewasser, Pommes und Tiroler Nussöl, einem traditionellen Sonnenschutzöl, das wahrscheinlich nur noch am Mattsee verwendet wird. Diesen ganz speziellen Mattseeduft würde ich unter hundert unterschiedlichen Seegerüchen herausriechen können. Diese »Frederick«-Meditation, wie ich sie gern nenne, bringt mich durch den grauen Berliner Winter.

Ein Tag am Mattsee ist immer ein guter Tag.

Weihnachten

Ich bin ein riesiger Adventsfan. Der Dezember ist nun mal die schönste Zeit im Jahr, und ich freue mich immer wieder darauf. Aufs Plätzchenbacken und Wohnungdekorieren, aufs Wunschzettelschreiben und Geschenkemachen. Ich überreiche nämlich lieber Geschenke, als selbst welche zu bekommen. Es erfüllt mich mit so viel Freude, wenn ich sehe, wie die Augen meiner Liebsten strahlen. Das nicht nur wegen der Geschenke, sondern auch wegen der Lieder, die wir gemeinsam singen, des guten Essens und der Zeit, die wir an den Feiertagen zusammen auf unserem Familienberg verbringen.

Ich sorge auch dafür, dass diese festliche Zeit bei uns etwas Besonderes *bleibt*. Vor dem ersten Dezember werden bei uns daheim keine Plätzchen gegessen. Die Unart der Lebensmittelindustrie, schon Ende August Lebkuchen ins Regal zu räumen, finde ich respektlos. Wir hören auch nur in der Adventszeit Weihnachtshörspiele. Am sechsten Januar kassiere ich die alle wieder ein.

Natürlich habe ich allen meinen Kindern auch die »Lüge« vom Christkind aufgetischt. Als meine große Tochter sechs Jahre alt war, glaubte sie schon nicht mehr so ganz an den Weihnachtsmann. Mein Sohn war zu dieser Zeit schon ein Teenager, und gemeinsam gingen wir die Mission an, seiner Schwester noch dieses eine Weihnachten etwas vorzuspielen. Wie immer feierten wir in unserem Haus in Österreich. In unserer Familie ist es so, dass der Weihnachtsmann die Geschenke für die Erwachsenen bringt und das Christkind die für die Kinder. Deshalb waren diese zwei Geschenk-»Typen« auch in unterschiedliches Geschenkpapier gepackt und mit verschiedenen Stickern versehen – clever, was? Wir bereiteten wie jedes Jahr alles sorgfältig vor und legten sogar eine Spur aus Puderzucker ums Haus herum – das sollte die Bremsspur des Schlittens sein. Das Weihnachtszimmer hatten wir festlich mit echten Kerzen geschmückt. Und das in einem Holzhaus! Da gehört sehr viel Vorsicht dazu. Am Nachmittag hatten wir für den Weihnachtsmann einen Teller mit Keksen rausgestellt, für die Rentiere gab es Möhren. Aus Spaß stellte ich ein Wegbier statt der üblichen Milch dazu. Mein Sohn scherzte: »Aber Mutter, das kannst du doch nicht machen! Der muss doch noch fahren!«

Mein Sohn hatte oben auf dem Dachboden sogar ein Glöckchen installiert, das wir mittels ausgefeilter Seiltechnik vom Wohnzimmer aus betätigen konnten. Ja, wir sind echte Profis. Und das alles nur, um meiner Tochter die Illusion zu geben, dass das Christkind wirklich kam. Tatsächlich klappte dann auch alles wie am Schnürchen, und wir verbrachten einen wunderschönen Weihnachtsabend. Als wir jedoch drei Tage später unsere Sachen zusammenpackten, passierte mir ein schlimmer Fauxpas.

Meiner Kleinen war langweilig, und sie fragte mich, was sie machen sollte. Da ich gerade mit Packen beschäftigt war, passte ich für einen Moment nicht richtig auf und sagte ihr: »Mal doch mal was, oder hier – kleb ein paar Sticker!« Ohne weiter nachzudenken, reichte ich ihr das Blatt mit den sternenförmigen Aufklebern, die das Christkind auf ihre sechs Geschenke geklebt hatte – und natürlich fehlten auf dem Stickerbogen exakt sechs Stück. Noch während ich ihr die Aufkleber gab, überkam mich dieses mulmige Fahrstuhlgefühl. Als ob etwas tief in einem drin zusammensinkt. Ich fühlte mich wie in Zeitlupe. Meine Hand hatte von meinem Gehirn bereits den Befehl bekommen, das Papier zu meiner Tochter hinüberzureichen, und meine Augen sahen hilflos dabei zu, während in mir bereits eine schreckliche Vorahnung dämmerte. Ich konnte nichts mehr dagegen tun.

Meine Tochter musterte die Aufkleber, und richtete danach ihre schönen blauen Kinderaugen direkt auf mich. Bewegungslos und mit fester Stimme sagte sie: »Du hast mich belogen. Das warst alles du. Ich kann dir nie wieder vertrauen.« Dann drehte sie sich um und ging aus dem Zimmer. Das brach mir das Herz. Ich heulte wie ein Schlosshund. Bis sie mir diesen Betrug verziehen hatte, dauerte es eine ganze Weile. Heute ist sie glücklicherweise darüber hinweg und hilft mir jedes Jahr, die gleiche Weihnachtsgeschichte für ihre kleine Schwester zu inszenieren. Das wird bei meiner Jüngsten vermutlich auch nicht mehr lange gut gehen. Selbst bei Playmobil spielt sie ungern mit Figuren, die es im echten Leben nicht gibt, also Meerjungfrauen, Drachen und so weiter. Aber ich liebe Rituale einfach und glaube, dass Kinder durch sie viel Fantasie und Tradition mitbekommen. Und vielleicht gehören das Aufwachen aus der Illusion und das Verstehen, was tatsächlich hinter dem Weihnachtsmythos steckt, auch einfach zum Erwachsenwerden dazu. Ich verwöhne meine Kinder gern mit dieser Art von Magie, aber nicht auf die kommerzielle Art. Gerade wenn Kinder in zwei Elternhäusern aufwachsen, noch dazu mit mehreren angeheirateten Großelternpaaren, werden sie mit Geschenken ja nahezu überhäuft. Die Hälfte davon packe ich meist weg bis Ostern. Deshalb bin ich auch dazu übergegangen, keine saisonal passenden Weihnachtsgeschenke mehr zu kaufen.

Meine Mutter

Meine Mutter ist eine ganz besondere Frau, ein richtiges Unikat. Ich liebe sie über alles. Sie nimmt die Dinge anders wahr und ist irgendwie nicht ganz von dieser Welt. Sie unterrichtet Tanz in Asien, klaut mir regelmäßig meinen Burberry-Mantel und trägt dazu eine Ray-Ban-Sonnenbrille und ein Gryffindor-T-Shirt. Welche Achtzigjährige tut das schon?

In meiner Familie lieben wir alle Harry Potter. Meine Kinder durften nicht die Hörbücher hören, weil ich darauf bestand, die Bücher selbst vorzulesen, und als die Filme rauskamen, konnte ich es kaum erwarten. Jedes Mal war ich direkt am Eröffnungswochenende im Kino. Als dann der letzte Band von Harry Potter erschien, auf den ich sehnsuchtsvoll gewartet hatte, rief mich meine Mutter an: »Du, Liebes, weißt du schon? Dumbledore stirbt auf Seite ...«

Ich hielt den Hörer so weit weg von meinem Ohr wie möglich und schrie: »Nein! Stopp! Erzähl mir nicht mehr!«

»Aber wieso denn?«

Das ist ihr Standardspruch. Sie steckt manchmal so sehr mit dem Kopf in den Wolken, dass sie wirklich nicht versteht, was für »normale« Menschen normal ist.

Obwohl sie mir das Ende von Harry Potter verraten hat, teilen meine Mutter und ich eine tiefe Liebe füreinander. Wir telefonieren oder schreiben so gut wie täglich. Wenn ich mich mal einige Tage nicht melde, weiß sie, da stimmt etwas nicht. Und andersherum genauso. Schon an der Art, wie sie am Telefon ihren Namen sagt, weiß ich sofort, was los ist. Vielleicht ist es Gedankenübertragung, vielleicht auch diese spezielle Verbindung zwischen Mutter und Tochter, in jedem Fall ist sie ein Teil von mir. Sie war mein erstes

Rollenvorbild. Ein Workaholic, eine leidenschaftliche Künstlerin und Pädagogin. Sie war Gründungsmitglied des Orff-Instituts für Musik und Tanzpädagogik an der Kunstuniversität Mozarteum in Salzburg. Ihre Schüler auf der ganzen Welt lieben sie. Das hat mir als ihrem einzigen Kind früher natürlich sehr missfallen. Ich war oft eifersüchtig. Neulich hatte der Kitaerzieher meiner Tochter seine eigene Tochter beim Laternenumzug mit dabei, und die Kleine hat Rotz und Wasser geheult, weil sie ihren Papa mit der ganzen Marienkäfergruppe teilen musste. Ich konnte sie sehr gut verstehen. Meine Mutter ist liebevoll und zärtlich, dennoch war ich nicht ihr einziger Lebensinhalt. Und das ist auch gut so.

Sie hat mir oft vorgelesen, aber weniger gern mit mir gespielt. Das tut sie heute mit ihren Enkeltöchtern viel mehr. Ich bin als Mutter allgemein pragmatischer als sie. Ich bin mehr die nährende Mutter, schmiere Brote oder fahre mit den Kindern an den See. Meine Mutter saß am Schreibtisch und tippte Konzepte. Aber so ist sie eben. Sie ist eher spirituell und arbeitet mit ihrem Geist. Ihr Beruf ist nichts, was sie einfach nur so tut – sie ist mit Leib und Seele Lehrerin. Darin habe ich sie unterstützt und deshalb akzeptiert, dass ich sie nicht immer bei mir haben konnte. Auch in der Pubertät kam Rebellion für mich deswegen nicht wirklich infrage. Ich konnte meiner Mutter einfach nicht wehtun. Wäre ein Vater an ihrer Seite gewesen, der sie vor mir hätte schützen können, wäre ich wahrscheinlich wesentlich wilder gewesen.

Nur einziges Mal war mir meine Mutter peinlich. Und zwar, als ich Schulsprecherin an meinem Gymnasium war und wir einmal eine Versammlung bei uns zu Hause hatten. Inständig bat ich meine Mutter: »Bitte keine Sojaschnitzel! Wenigstens Extrawurstsemmeln. Und ich versteh ja, dass Cola und Fanta nicht gehen, aber dann wenigstens Apfelschorle?« Sie nickte nur und verließ das Zimmer.

Als alle meine Mitschüler dann da waren, kam meine Mutter zu uns herein und brachte uns – einen Brottrunk! Das ist eine milchige

Flüssigkeit mit einem Hefepilz drin. Diese Brühe wollte sie uns tatsächlich servieren.

Ich war völlig entsetzt: »Ernsthaft?!«

Sie starrte mich nur entgeistert an: »Aber wieso denn?«

Sie konnte überhaupt nicht verstehen, was das Problem an diesem Brottrunk war. Wenn ich jemals hätte rebellieren wollen, wäre das der richtige Moment gewesen. Sie hatte mich vor meinen Mitschülern völlig lächerlich gemacht. Ich wurde danach nie wiedergewählt. Meine politische Karriere war dahin. Vielleicht wäre ich ja sogar österreichische Nationalratspräsidentin geworden, wie meine Tante Anneli, aber der Brottrunkskandal hat alles zunichte gemacht.

Meine Mutter ist einfach einzigartig: protestantisch, eine coole Socke und in ihrer eigenen Welt zu Hause. Ein »tanzender Martin Luther in Elfengestalt« – das ist meine Mutter.

Großmutti Brigitte

Weil meine Mutter den Kopf oft in den Wolken hatte, waren für die weltlichen Dinge meine beiden Großmütter zuständig. Die Mutter meiner Mutter heißt Brigitte, ich nannte sie jedoch Großmutti. Sie entstammte einer österreichischen Familie des Bildungsbürgertums und wuchs auf einem Anwesen auf. All ihre Geschwister waren entweder Pfarrer oder Lehrer. Von Beruf war meine Großmutti Zahnärztin. Sie war sehr gebildet, aber dennoch bodenständig. Meine Mutter und deren Brüder brachte sie fast allein durch den Krieg. Die Familie wurde aufs Land umgesiedelt, und der Vater meiner Mutter kam dabei in einen anderen Ort als seine Frau und Kinder. Er war Schuldirektor und wurde bei seinen Schülern gebraucht. So hat er jahrelang getrennt von seiner Familie gelebt. Zu dieser Zeit war das aber völlig normal. Mein Großvater war für seine Schüler da, so wie meine Mutter später für ihre Schüler da war. In Kriegszeiten hat das niemand hinterfragt. Die Menschen akzeptierten es einfach. Es ging schließlich ums Überleben. Das Einzige, was meine Großmutti Brigitte bei ihrer Umsiedelung mitnehmen konnte, war ihr Zahnarztstuhl – und das war eine sehr weise Entscheidung. Mit ihrem Beruf konnte sie ihre Familie nämlich auch an ihrem neuen Wohnort ernähren.

Brigitte war sehr klug und eine Verfechterin klarer Werte. Von ihr habe ich gelernt, diszipliniert zu sein und Haltung zu bewahren. Sich nicht gehen zu lassen, weder körperlich noch emotional. Sie strahlte eine gewisse Grazie aus, die auch meine Mutter von ihr geerbt hat. Wenn wir sie vom Bahnhof in Salzburg abholten, stand sie immer mit ihren Koffern neben dem Zug und spannte ihre Arme weit auf. Sie wäre niemals überschwänglich auf mich zugelaufen, aber sie empfing mich mit offenen Armen. So stand sie da, im Licht der Abendsonne. Sie war ein Bild von einer Frau, stolz, aber nicht überspannt, sondern im wahrsten Sinne des Wortes aufrecht. Sie war und ist mir ein großes Vorbild.

Ich habe sie sehr geliebt und wollte sie stets beeindrucken. Wir haben deshalb gemeinsam Lateinvokabeln gelernt. Auf meinem musischen Gymnasium war das Große Latinum Pflicht. Mit Latein ist das so eine Sache. Entweder man liebt es, oder man hasst es – *nihil inter est* (es gibt nichts dazwischen). Ich übersetzte aus Spaß zusammen mit meiner Großmutti Ovids *Metamorphosen* – das erklärt wohl, zu welcher Sorte ich gehöre. Meine Lateinlehrerin am Gymnasium erinnerte mich tatsächlich auch sehr an meine Großmutti. Bei einer Klausur – es ging um Caesars Text *De bello Gallico* – fiel mir die Übersetzung eines Verbs nicht mehr ein. Ich hatte vergessen, ob es »heranpreschen« oder »zurückweichen« hieß. Schließlich entschied ich mich für die falsche Option, und meine Lateinlehrerin bemerkte: »Wäre das eine Deutscharbeit, hätten Sie eine Eins für Fantasie und Ausführung verdient. Da ich jedoch Latein unterrichte, ist es leider eine Fünf!« Dennoch brachte mir diese Lehrerin genau wie meine Großmutti bei, nicht aufzugeben und mich mehr anzustrengen. Den Unterschied zwischen »heranpreschen« und »zurückweichen« sollte man im Leben schließlich ganz genau kennen – und vor allem wissen, wann welche Strategie gefragt ist.

Ich bin meiner Familie sehr dankbar für ihre Liebe zur Literatur und Musik, die sie mit mir geteilt haben. Ich habe als Kind gelernt, sämtliche Messen von Bach zu singen. Ich liebe ihn, auch wenn man ihn sicher nicht in jeder Situation hören kann, anders als Mozart. Denn Mozart geht immer! Meine Großmutti hat zusammen mit mir immer den Kanon *Bona nox!* von Mozart gesungen. Das ist nicht selbstverständlich. Auch wenn ich am Ende keinen musikalischen Weg eingeschlagen habe, waren diese

Kunstwerke Teil meiner Muttermilch, sie haben mich geprägt und mir viel Kraft mitgegeben.

Als meine Großmutti starb, haben wir den Stuhl, auf dem sie immer saß, ganz lange nicht besetzt. Diesen Platz konnte niemand anders einnehmen.

Oma Anna

Wenn ich nicht gerade mit Großmutti Brigitte Latein lernte, klaute ich meiner Oma Anna die Kartoffelpuffer aus der Pfanne. Die Mutter meines Vaters war das komplette Gegenteil von Großmutti Brigitte. Oma Anna war eine richtige Urmutter, immer mit Kochen und Backen beschäftigt, sehr warmherzig, vollbusig und mit einem riesigen Herzen. Sie wuchs auf einem Bauernhof im Frankenland auf. Ihre Mutter, meine Urgroßmutter Katharina, auch Kätta genannt, hatte insgesamt zehn Kinder. Über sie gibt es eine Geschichte, die mir folgendermaßen überliefert wurde: Kätta stand Ende der Dreißigerjahre mit meiner Oma Anna und deren Geschwistern am Straßenrand und schaute sich skeptisch den Aufmarsch der Nazis an. Da schrie der Gauleiter sie an: »Los, Kätta! Fahne grüßen!«

Sie verschränkte daraufhin die Hände unter der Schürze, schaute ihm fest in die Augen und antwortete nur: »Ach ja. Ganz neu!«

Das war typisch Kätta: Sie ließ sich nicht kleinkriegen. Diese Art von Tapferkeit, ja, von weiblichem Widerstand, bewundere ich. Da liegen meine Wurzeln, und darauf bin ich sehr stolz. Auch meine Oma Anna hatte dieses Unerschrockene. Als der Krieg gerade zu Ende war, war mein Vater ein Jahr alt und Oma Anna noch jung verheiratet. Als die Alliierten auf dem Vormarsch waren, fand sie in ihrem Keller einen jungen deutschen Soldaten in Wehrmachtsuniform, der sich dort versteckt hielt. Er war gerade mal 15 Jahre alt. Er gehörte zu den Werwölfen, der Kampftruppe, die kurz vor Kriegsende sogar ganz junge und alte Männer ins Feld schickte. Dieser Jugendliche hockte da in ihrem Keller und schlotterte vor Angst. Eigentlich hätte sie ihn melden müssen. Vielleicht wäre das die moralisch richtige Handlung gewesen. Aber als Mutter, die sie war, gab sie ihm stattdessen etwas zu essen und ein paar Kleider ihres Mannes, in denen er fliehen konnte. Genau wie ihre eigene Mutter tat sie nicht das, was von ihr erwartet wurde, sondern das, was sie für das menschlich Richtige hielt.

Sie liebte meinen Vater über alles und tat alles dafür, ihm den Besuch einer Schauspielschule zu ermöglich. Ihr Mann war Polizist, das Paar kam aus einfachen Verhältnissen, dennoch kämpfte sie mit allen Mitteln dafür, dass mein Vater den von ihm gewählten künstlerischen Weg einschlagen konnte. Hätte er Anwalt oder Arzt werden wollen, wäre das leichter nachvollziehbar gewesen. Aber Schauspieler? Das war zu dieser Zeit ein sehr außergewöhnlicher Berufswunsch – noch viel mehr als heute. Doch dank Oma Anna schaffte er es auf die Otto Falckenberg Schule in München. Im Jahr 1966, noch während er zur Schauspielschule ging, gab er sein Filmdebüt. Er spielte in einem Film mit Heinz Rühmann mit – *Maigret und sein größter Fall*. Das war für ihn damals eine große Ehre.

Es gibt ein Standfoto, das bei den Dreharbeiten zu diesem Film entstanden ist. Es zeigt meinen Vater gemeinsam mit Heinz Rühmann. Dieses Bild hatte meine Oma Anna in ihrer Küche hängen. Sie war so stolz auf ihren Sohn und auch auf ihre Schwiegertochter. Sie hatte viel Verständnis dafür, dass meine Mutter aufgrund ihrer Arbeit öfter verreisen musste. Oma Anna war einfach da und griff uns unter die Arme. Sie reiste oft mit dem Zug aus Franken nach Österreich und blieb dann bei mir. Sie hatte einen kleinen Taschenkalender, in dem sie sich die Tage markierte, an denen sie auf mich aufpasste. Ich kann mich noch gut daran erinnern, wie ich die Windpocken hatte und sie mir die Fingernägel ganz kurz schnitt. Dann tupfte sie mich mit einer Salbe ein und verband mir sogar die Finger mit einer Mullbinde, damit ich mich nicht aufkratzen konnte. Das, was mir meine Oma gab, hätte meine Mutter so gar nicht leisten können. Sie war ihr deshalb immer dankbar, weil sie mich bei ihr in guten Händen wusste.

Wenn ich Ferien hatte, fuhr ich auch gern zu Oma Anna nach Würzburg. Sie bewohnte dort zusammen mit ihrem Mann ein kleines Häuschen. Ich liebte die klassischen Tagesabläufe bei den beiden. Morgens Honigbrötchen essen, um Punkt zwölf Uhr gab's Mittagessen, nachmittags ernteten wir Äpfel und kochten sie zu Apfelmus ein, und abends ging es nach den Mainzelmännchen ab ins Bett. Für mich als Künstlerkind mit den vielen Freiheiten zu Hause konnte es gar nicht spießig genug zugehen. Ich stand total auf Rituale. Diese ländliche Bescheidenheit ist es, wegen der ich auch heute noch so gern in die Heimat fahre, und aus diesem Grund halte ich die gleichen Rituale auch in der Erziehung meiner eigenen Kinder hoch. Ich will ihnen das mitgeben, was mich meine Großmütter gelehrt haben.

Ich bin eine Mischung aus diesen dreien – Oma Anna, Großmutti Brigitte und meiner Mutter. Sie sind die Eckpfeiler meiner Persönlichkeit. Ich vereine alle drei Frauen in mir. Das Kochen und Backen habe ich von Oma Anna geerbt und die Liebe zur klassischen Musik und zur Disziplin von Großmutti Brigitte. Wenn ich heute mit meinen Töchtern Kuchen backe und dabei *Bona nox!* summe, steht meine Mutter daneben und freut sich. Ohne die Frauen in meiner Familie wäre ich nix, oder besser gesagt: Ich bin, was ich bin, wegen der tollen Frauen in meinem Leben. Ihre Empathie und Stärke bewundere ich, aber auch ihre Loyalität und ihren ganz eigenen Gerechtigkeitssinn.

Herr Toth und ich

Der Glaube hilft uns dabei, unser Leben besser zu verstehen und uns ein Gefühl von Sicherheit zu geben. Er soll uns die Angst vor dem eigenen Tod nehmen und Trost spenden, wenn wir geliebte Menschen verlieren. Der Glaube, egal welcher, macht uns stark, weil er den Zweifel überstrahlt. Wenn wir uns ständig fragen: Was soll das alles? Welchen Sinn hat das Ganze? Oder die schlimmste aller Fragen: Wieso gerade ich? – Wenn wir uns immerwährend darüber den Kopf zerbrechen, dann irren wir nur rastlos umher und zerfleischen unsere eigene Psyche. Ein gesunder Glaube, sei es an eine göttliche Figur oder auch an sich selbst, bedeutet den Inbegriff von Seelenheil.

Ich bin zwar im katholischen Salzburg aufgewachsen, wurde aber dennoch protestantisch erzogen und war schon allein deshalb eine Außenseiterin. Meine Oma Anna gehörte jedoch dem katholischen Glauben an und nahm mich als Kind manchmal mit in den Gottesdienst ihrer Kirche. Das war für mich unglaublich aufregend. Diese atmosphärische Musik, der Weihrauchduft, der die Kirche in einen warmen, süßen, leicht nach Zitrone riechenden Nebel hüllt, die Messdiener in ihren schönen Kleidern und das Ritual, dass beim Singen alle aufstehen. Nach einem der Gottesdienste sagte ich mal zu meiner Oma: »So ein schönes Theater!« Denn eins muss man den Katholiken wirklich lassen: Sie wissen, wie man inszeniert!

Bei den Protestanten hingegen ist der Gottesdienst oft sehr freudlos. Kommt einem die katholische Messe wie ein opulentes Theater vor, hat eine evangelische Zeremonie eher etwas von einem Termin beim Steuerberater. Als Kind fand ich es auch immer total unfair, dass die katholischen Kinder einfach nur beichten gehen mussten und danach wieder Scheiße bauen konnten. Das ging bei mir nicht!

Als ich noch klein war, hat meine Mutter vor dem Zubettgehen immer mit mir gebetet, aber nicht laut, sondern im Stillen. Jede für sich. Oft wunderte sie sich, warum ich immer so lange brauchte. Das lag daran, dass ich den lieben Gott jeden Abend anflehte: »Bitte lass meine Eltern ganz alt werden. Mindestens 153, 68, 97, 49, 102 ... Jahre.« Ich habe einfach alle Zahlen aufgesagt, die ich kannte, weil ich noch nicht wusste, welche die höchste ist.

Wir gingen auch oft in die Kirche, dennoch haben meine Eltern mich nicht taufen lassen. Als Freidenker, die sie waren, wollten sie mir diese Wahl freistellen. Ich habe mich dann mit zwölf Jahren selbst für die Taufe entschieden.

Auch mit meiner kleinen Tochter bete ich jeden Abend ein Kindergebet. Wir danken Gott für den Tag und die schönen Erlebnisse und sprechen darüber, worauf wir uns morgen freuen. Mir geht es dabei aber nicht darum, dass meine Tochter das Gebet fehlerfrei runter sagen kann, so wie es in der Bibel steht. Viel wichtiger ist mir, dass sie versteht, was sie da sagt. Deshalb haben wir den Text auch kindgerecht abgeändert. Ich lege Wert auf einen modernen Umgang mit Religion. Man sollte sich das aus dem Ideengut herausnehmen, was einem Kraft gibt, und nicht starr an etwas festhalten, was vor zweitausend Jahren unter völlig anderen Umständen geschrieben wurde.

Mit der Bibel kam ich als Kind vor allem im Religionsunterricht an meiner Schule in Berührung. An meinem musischen Gymnasium kam man am Religionsunterricht nicht vorbei, also besuchte ich die evangelische Klasse. Unser Religionslehrer war auch der Pfarrer unserer Kirche und hieß Herr Toth. Er war ein wirklich guter Lehrer. Die Geschichten aus der Bibel hat er uns so mitreißend erzählt, als handelte es sich dabei um Folgen der Serie *Game of Thrones*. Das hat mich als Kind völlig fasziniert. Gleichzeitig fühlte ich mich aufgehoben und zu meiner Religionsklasse zugehörig – auch wenn es nur acht andere evangelische Kinder in meiner Altersstufe gab. Das kann Religion – sie vermittelt einem das Gefühl, nicht allein zu sein, sondern Teil einer Gemeinschaft.

Herr Toth sorgte dafür, dass ich verstand, worum es in diesen Bibelgeschichten im Kern ging. Von ihm ließ ich mich dann auch taufen, und zwei Jahre später feierte ich Konfirmation. Mein Konfirmationsspruch war: »Nun aber bleiben: Glaube, Hoffnung, Liebe, diese drei; aber die Liebe ist die größte unter ihnen.« Den habe ich mir selbst ausgesucht, und er ist tatsächlich zu einem Leitspruch für mein Leben geworden. Diese drei Tugenden gibt es nur im Dreierpack. Der Glaube macht die Liebe erst möglich, und die Liebe ist die Voraussetzung für die Hoffnung. In der Zeit, als ich gegen den Alkohol kämpfte und völlig am Boden war, haben mir der Glaube und die Liebe dabei geholfen, die Hoffnung nicht zu verlieren. Ich betete viel in dieser schweren Zeit. Es ist nicht so, dass ich in guten Zeiten nicht beten würde – aber gerade da hat es mir besonders gutgetan. Ich fühlte mich beschützt und umarmt. Meistens habe ich mich am Ende eines Tages dafür bedankt, dass ich ihn überstanden hatte, ohne Alkohol zu trinken. Und ich betete dafür, dass ich am nächsten Tag wieder den Mut und die Kraft dafür finden würde. Einen Tag nach dem anderen.

Mein Glaube ist dennoch eher spirituell als kirchlich. Das sind zwei völlig verschiedene Dinge. Den Glauben und die Kirche kann man fast gar nicht vergleichen – die sind so wie Äpfel und Gummistiefel. Ich bete zwar immer noch jeden Abend, aber aus der Kirche bin ich längst ausgetreten. Das klingt vielleicht paradox, aber mein Lebensweg ist gepflastert mit Paradoxien. Einerseits mag ich keine Vereine, andererseits sehne ich mich nach Zugehörigkeit. Ich will mir meine Individualität um jeden Preis bewahren und trotzdem Teil von etwas sein. Dazu braucht es dann eben einen kreativen Umgang mit Religion. Ich glaube vor allem daran, dass am Ende alles gut wird – und ist es nicht gut, ist es eben noch nicht das Ende, wie Oscar Wilde mal so schön sagte. Manchmal denke ich, dass ich etwas naiv bin. Dabei ist Naivität, diese kindliche, unbefangene Gemütsart oder auch treuherzige Arglosigkeit, die Grundlage jeden Glaubens.

Meine Oma Anna war nach meinen Eltern für mich der liebste Mensch auf der Welt. Seit sie nicht mehr lebt, habe ich nie wieder Kartoffelpuffer gegessen, weil ich das als Blasphemie ihr gegenüber empfinden würde. Sie starb in einer klaren Januarnacht in einem Heim der Arbeiterwohlfahrt. Sowohl Geburten als auch Tode finden oft in der Nacht statt. So als ob der Übergang von einem Seelenzustand in den nächsten möglichst unbeobachtet stattfinden soll.

Als es mit Oma Anna zu Ende ging, hielten meine Mutter und ich in drei aufeinanderfolgenden Nächten Wache an ihrem Bett. Zuerst sangen wir ihr Bach-Choräle vor, aber irgendwie gefiel ihr das so gar nicht. Sie konnte zwar nicht mehr sprechen, aber das machte sie uns anderweitig sehr deutlich. Am zweiten Abend kamen wir schließlich darauf: Sie war ja katholisch! Unsere evangelischen Lieder waren also völlig unpassend ... Ich fuhr also zu ihr nach Hause und holte dort ihr Mariengesangsbuch. In der dritten Nacht gefiel ihr das Musikprogramm dann deutlich besser.

Ich war bei ihr, als sie starb, und dachte: Das ist doch die beste Art zu gehen – nach einem langen, erfüllten Leben, umgeben von Menschen, die einen lieben. Als Oma Anna gegangen war, legte ich einen Apfel auf ihren Nachttisch. Keine Ahnung, warum ich das tat – es war wohl eine Übersprunghandlung, die sich aus einer unbewussten Erinnerung an das gemeinsame Apfelpflücken ergeben hatte.

Ich denke immer noch jeden Tag an meine Oma Anna. Über meinem Bett hängt ein Bild von ihr, und auch in unseren Geschichten und Familientraditionen bleibt sie lebendig und unvergessen.

Wir wenden zum Beispiel noch heute den Oma-Anna-Trick an. So nennen wir es, wenn man sich im Bett nur den Zipfel der Bettdecke schnappt und die Füße im Freien lässt, wenn es einem nachts zu warm ist. Diese vielen kleinen Erfindungen meiner Oma habe ich mir gemerkt und meinen Kindern beigebracht. Die geben es vielleicht mal an ihre Kinder weiter, und so bleibt Oma Anna für uns immer lebendig.

Horst

Eines schönen Herbstnachmittags war ich mit einer Freundin in Berlin zum Spazierengehen verabredet. In mein Navi gaben wir eine Adresse in dem Bezirk Weißensee ein, die ein bisschen außerhalb lag. Wir wussten nicht genau, was wir dort finden würden, aber auf der Karte sah es schön grün aus. Wir würden unser Auto an der Straße abstellen und von dort aus in die Natur spazieren.

Mein Navi heißt übrigens Horst. Doch obwohl wir per du sind, sind Horst und ich keine Freunde. Er führt mich oft in Sackgassen, wo eigentlich keine sein dürften, oder schlägt mir vor, links abzubiegen, obwohl es da gar keine Straße gibt. Manchmal glaube ich, Horst ist die Stimme meines Unterbewusstseins, das mir üble Streiche spielt oder mir auf diese metaphorische Weise meine momentane Lebenssituation bewusst machen will. Befinde ich mich gerade tatsächlich in einer Sackgasse? Oder fahre ich schon zu lange auf der Überholspur? All das weiß Horst und schämt sich nicht, es mir zu mitzuteilen.

Als wir jedoch auf dem Weg zu der unbekannten Adresse in Weißensee waren, schien erstaunlicherweise alles glatt zu laufen. Bis wir vor einem riesigen gusseisernen Friedhofstor hielten, und Horst mitteilte: »Sie haben Ihr Ziel erreicht!«

»Jetzt schon?!«, fragte ich und prustete los.

Meine Freundin konnte nicht mehr vor Lachen.

Das klingt vielleicht merkwürdig, aber: Ich liebe Friedhöfe! Ich könnte mich den ganzen Tag auf ihnen rumtreiben. Als Österreicherin habe ich einen gewissen Hang zum Morbiden und zur Vergänglichkeit. Über schön gestaltete Friedhöfe spaziere ich am liebsten im Herbst, wenn die Blätter rauschen und kleine goldene Sonnenflecken über die Gräber tanzen wie glitzernde Erinnerungsfetzen. Ich laufe zwischen den Grabsteinen umher, die Jahr für Jahr von mehr Moos überzogen werden, und beobachte, wie die Natur sich langsam zurückholt, was wir Menschen in ihrer Mitte geschaffen haben. Der Stein und auch die Verstorbenen werden wieder eins mit der Erde. Diesen langsamen, aber unaufhaltbaren Prozess kann man nirgendwo besser beobachten als auf einem Friedhof, weil wir hier die Natur in Ruhe lassen. Aus Respekt vor den Angehörigen, aber in Wahrheit auch aus Respekt vor dem Kreis des Lebens. Dieser ist uns im Alltag leider viel zu selten bewusst. Alles, was ist, muss wieder gehen – diesen unausweichlichen Lauf aller Dinge zu akzeptieren, gehört zu den wichtigsten Aufgaben im Leben.

Auf dem Friedhof schaue ich mir gern die in Stein gemeißelten Eckdaten der vollendeten Leben an. Fremde Namen spreche ich laut aus und frage mich, was eine geheimnisvolle Initiale wohl bedeuten mag. Anhand von Geburts- und Todesdaten rechne ich aus, wie alt jemand wurde, und denke darüber nach, ob diese Person an ihrem letzten Geburtstag vielleicht schon den Tod kommen sah. Ich lese die Sprüche, die den Toten mitgegeben wurden, die sich aber eigentlich an die Lebenden richten. »Unvergessen« steht da meist. Jemand, an den man denkt, ist nicht wirklich tot.

Ich glaube, dass unsere Lebensenergie nach dem Tod wieder eins mit dem Universum wird. Gott ist für mich kein Mann mit weißem Rauschebart, wenn schon eine menschliche Form, dann eine dicke Mama – die laut und fröhlich lacht. Ich glaube an einen großen Energieball da oben, aus dem wir alle stammen und in den wir zurückkehren, wenn wir sterben. Deshalb sollte man hier auf Erden auch möglichst viel Gutes tun, um später das Universum nicht mit seiner negativen Energie zu belasten. Das könnte man auch ein sündenfreies Leben nennen. Am Ende ist »Gott« ja auch nur ein Begriff für diese Idee. Worte sind aber im Allgemeinen viel zu klein, um diese große Sache auch nur im Ansatz beschreiben zu können. Dennoch sind sie das Einzige, was wir haben. Am Anfang war das Wort, heißt es ja in der Bibel.

Als ich mit meinem zweiten Kind hochschwanger war, suchte ich ein ganz besonderes Wort. Nämlich einen Namen. Also ging ich mit Pierre über den jüdischen Friedhof in Berlin-Mitte. Es war tiefster Winter, und um zwei Uhr nachmittags dämmerte es bereits. Der Schnee knirschte angenehm weich unter unseren Stiefeln, und ich schob diese riesige Kugel vor mir her. Von hinten sah ich aus wie immer, aber von vorn sah man, dass da ein Baby mit an Bord war. Auf der Suche nach Inspirationen studierten wir die Namen auf den Grabsteinen. Manch werdende Eltern kaufen sich Bücher mit Vornamen oder googeln die beliebtesten Namen des Jahres, um eine Entscheidung zu treffen. Aber wir sind eben Künstler und machen dementsprechend alles etwas anders. Der Witz in diesem speziellen Fall war natürlich, dass wir nach männlichen Vornamen suchten, weil uns der Promiarzt ja einen Jungen prophezeit hatte. Tja, wer Gott zum Lachen bringen will, der erzählt ihm von seinen Plänen für die Zukunft, hat Woody Allen mal gesagt – und hat damit völlig recht.

Gott ist in allem, ohne dass es einen konkreten Plan gibt. Er ist die Aufforderung zur Achtsamkeit, zur Wertschätzung aller Dinge um uns herum. Eigentlich ist Gott ein wenig wie Horst – ein Navigationssystem, das uns lediglich die Richtung weist, gute Anhaltspunkte liefert und verschiedene Routen vorschlägt. Welchen Weg wir tatsächlich gehen, bleibt uns selbst überlassen.

Patchwürg

Neulich schickte ich meiner Mutter ein Gruppenselfie aus meiner Küche. Da saß ich beim Abendessen mit meinen beiden Töchtern und ihren jeweiligen Vätern, meiner Schwester Peri, ihrer Mutter Judith, die auch meine beste Freundin ist, und Ute, der Ex-Frau von Pierre und ebenfalls einer meiner Herzensmenschen, und alle hatten wir zusammen Spaß. Klingt kompliziert? Ist es auch.

Meine Mutter antwortete darauf: »Wie schaffst du das nur?«

Meine Familienkonstellation ist alles andere als simpel. Ich habe drei Kindern von drei verschiedenen Männern und zwei Geschwister, die ebenfalls unterschiedliche Mütter haben. Theoretisch sind es also Halbgeschwister, doch irgendwann haben wir festgestellt: Halbgeschwister gibt es nicht, genauso wenig wie es halbe Menschen gibt. Wir sind Geschwister.

Dieses Konzept nennt man eine Patchworkfamilie. Wie bei einer dieser altmodischen Flickendecken sind unterschiedliche Menschen – ob sie wollen oder nicht – dabei aneinandergehäkelt. Die Fäden, die uns verbinden, bestehen aus Liebe, Akzeptanz, einer Menge Humor und einer extra Portion Flexibilität. Eine derartig wild zusammengemixte Wahlverwandtschaft funktioniert nicht mit Schubladendenken, klassischen Vater-Mutter-Kind-Rollenbildern oder zu großen Erwartungen. Eine Patchworkfamilie ist vielmehr wie ein Baum im Wind, der mit dem Luftstrom mitgehen und sich auch mal zur Seite biegen muss, wenn ein Orkan tobt. Natürlich sind die Beziehungen untereinander manchmal verknotet, und es gibt Verstrickungen, die sehr schwer aufzulösen sind. Das Geheimrezept ist: Alle müssen mitarbeiten und ihren Teil zur großen Decke beitragen und so dafür sorgen, dass die Fasern sich nicht auftroddeln. Das ist harte Arbeit, und zwar jeden Tag! Deshalb nenne ich unser Familienkonstrukt auch Patchwürg. Es kann von Zeit zu Zeit sehr anstrengend werden, aber den Stress ist es wert! Denn sonst wären wir alle ja nur einzelne Flicken ohne Zusammenhalt.

Die erste und wichtigste Verbindung in meinem Beziehungsgeflecht bin ich natürlich mit meinen Eltern eingegangen, diesen wunderbaren, teils exzentrischen Menschen, von denen ich so viel gelernt habe. Die beiden waren Lebensmenschen. Ihre Beziehung zueinander war vielleicht nicht immer leicht, aber sie waren füreinander bestimmt, das steht fest. Mit meiner Mutter bin ich am engsten von allen verwoben. Meinen Glauben an das Gute im Menschen habe ich von ihr geerbt. Sie kann sich wie keine Zweite in die Lage anderer versetzen und immer alle Positionen verstehen. Als Kind ging mir das oft auf den Keks. Ich wollte einfach nur darüber lästern, dass da dieser eine Junge in der Schule doof zu mir war – aber sie fragte konsequent nach: »Was denkst du, wie er sich in dieser Situation fühlt? Glaubst du nicht, dass er das auch anders gemeint haben könnte?« Das wollte ich in dem Moment natürlich nicht hören ...

Die Empathie meiner Mutter ist wirklich einmalig. Auf ihre Frage zu dem Küchenselfie habe ich ihr deshalb geantwortet: »Na, was glaubst du wohl, von wem ich das habe?«

Vergebung ist das zweite Geheimrezept für ein solches Familienkonstrukt. Mein Vater hat mir beigebracht, dass man niemals eine wohlwollend ausgestreckte Hand ausschlägt. Heute kann ich das wertschätzen. Vergebung bedeutet auch, gescheiterte Liebesbeziehungen auf eine neue Stufe zu heben. Wenn man es schafft, mit seinem Ex-Partner Frieden zu schließlich – und dann auch wirklich friedlich und nicht nur oberflächlich höflich miteinander umgeht – wird die Verbindung dadurch vielleicht sogar noch wertvoller.

In Japan gibt es das Kunsthandwerk Kintsugi. Dabei werden zerbrochene Keramikgegenstände wieder zusammengeklebt, die Bruchstellen jedoch mit Goldpigmenten extra hervorgehoben und dadurch wertvoller gemacht. So erstrahlt das ursprüngliche Objekt in völlig neuer Pracht. Der Bruch ist dann kein Makel mehr, sondern ein Schönheitsfleck. Eine zerrüttete Beziehung zu erneuern und sie in Form einer Freundschaft zu vergolden, ist ein langer Weg und bedeutet viel Arbeit. Das lerne ich bereits mein Leben lang. Alles fängt jedoch mit der Entscheidung an, verzeihen zu wollen. Ich bin sehr loyal. Wenn ich mich einmal für einen Menschen entschieden habe, dann bedeutet das alles. Jemanden komplett aus meinem Leben zu verbannen, ist mir fremd.

Geheimnis Nummer drei, um eine schöne Patchworkdecke zu stricken, lautet: Achtsamkeit. Also der Versuch, die Dinge so zu sehen, wie sie sind. Auch dieses unbedingte, ehrliche Interesse an jemandem, das einen zu hundert Prozent im Moment anwesend sein lässt, gehört dazu. Durch die Glückshormone in der Verliebtheitsphase hat man das automatisch. Da will man alles über den Liebsten erfahren und klebt an seinen Lippen. In jeder Beziehung gibt es verschiedene Phasen. Mal ist die Liebe wild und lodernd, mal wird sie vom Alltag fast erstickt. Aber sie lebt und atmet. Liebe ist ein lebenslanges Suchen und Finden, aber darf nie passiv sein. Man muss etwas dafür tun! Was nützt die Liebe in Gedanken? Liebe muss wärmen, nähren und stärken. Nur an jemanden zu denken, reicht nicht! Liebe muss man machen. In einer langen Beziehung achtsam zu bleiben, ist anstrengend, aber nur so bleibt die Liebe frisch. Sich Zeit füreinander zu nehmen – die sogenannte Qualitytime –, sich tief in die Augen zu schauen und den anderen wirklich zu sehen, ist so unglaublich wichtig. Zu fragen: »Wie geht es dir?« Und zwar nicht als Floskel wie das amerikanische »How do you do?«, was übersetzt so viel heißt wie: »Hallo, und lass mich in Ruhe!« Sondern als ernst gemeinte Frage, gefolgt von aufmerksamem Zuhören, ohne dass man darauf wartet, bald wieder mit der eigenen Geschichte dran zu sein – das ist Achtsamkeit. Es ist das größte Geschenk, das wir uns gegenseitig machen können. Egal, ob in einer Liebesbeziehung oder einer Freundschaft.

Über meinem Bett hängt ein Bild, das ich mal aus irgendeinem Filmset geklaut habe. Darauf steht in altdeutscher Schrift: »Der Wunder größtes ist die Liebe.« Das ist mein Leitmotiv. Es gibt ungefähr 178.000 verschiedene Versionen von Liebe. Mutterliebe, romantische Liebe, Freundschaft, sexuelle, besitzergreifende und zerstörerische Liebe, natürlich auch Verliebtheit und im besten Fall Selbstliebe – und das sind nur die Top acht. Liebe ist nicht die Ausrede für alles, man kann sie nicht einfordern, sondern nur geben und dankbar sein, wenn sie einem ebenfalls geschenkt wird. Liebe ist das, was meine Wahlverwandtschaft am Leben hält. Unseren Patchwürgteppich zu knüpfen und zu pflegen, ist das Größte, was ich jemals aus Liebe getan habe. Um meinen Kindern den regelmäßigen Kontakt zu ihren Vätern zu ermöglichen, wohne ich in Berlin und nicht in Salzburg. In meinem Leben habe ich drei große Lieben erlebt. Manchmal denke ich, dass das mehr ist, als man erwarten kann. Aber ich hatte dreimal dieses große Glück! Einfacher macht es das Ganze natürlich nicht, aber wenn es leicht wäre, würde es ja jeder machen. Ich gebe alles dafür, dass unsere Puzzlefamilie funktioniert, denn ich glaube ganz fest, dass ich mich in diesen Männern nicht geirrt habe. Dass sie immer noch Teil meines Lebens sind, war die richtige Entscheidung, einfach weil es die einzig mögliche Entscheidung war.

Auch für die Kinder ist es natürlich besser, wenn alle Familienmitglieder sich akzeptieren und sie in einem möglichst harmonischen Umfeld aufwachsen. Das sagen getrennte Eltern immer. Ich finde das auch sehr wichtig, aber es ist nicht der Hauptgrund, warum ich so lebe, wie ich es tue. Die Wahrheit ist: Zusammen ist man weniger allein. Die Traurigkeit und Enttäuschung über das

Ende einer Liebesbeziehung verfliegen irgendwann. Das macht die Zeit von ganz allein. Man muss es nur aushalten können. Das klappt aber nur, wenn man die Wut loslässt. Sonst wird man den Schmerz nicht los. Und auch darauf ist Liebe die Antwort. Auf Dauer ist sie stärker als Verletzungen. Selbstverständlich bin ich auch manchmal wütend und finde meine Situation zum Kotzen, aber da muss ich eben durch. Was wäre denn die Alternative? Verzeihen ist tausendmal besser als Vermissen.

Vor unserem Haus in Salzburg hat mein Vater damals zwei Lindenbäume gepflanzt. Sie stehen da nebeneinander wie ein Liebespaar, das gemeinsam alt geworden ist. Als ich klein war, hatte ich immer den Traum, irgendwann auf einer Bank zwischen diesen Lindenbäumen mit einem Lebenspartner zu sitzen, der mich über alles liebt und den ich ebenso aus tiefstem Herzen liebe. Deshalb war ich auch so gern verheiratet. Dieses Gefühl, zu jemandem zu gehören, das fehlt mir. Diese Patchwürgsache war so ja nicht geplant. Sie vereinfacht vieles für mich und sie als etwas ganz Tolles zu verkaufen, ist vielleicht auch leichter, als zuzugeben, dass es manchmal doch auch wehtut. An schwachen Tagen habe ich das Gefühl, ich habe versagt. Weil ich in meinen Kleinmädchenträumen vielleicht zu hohe Erwartungen hatte. Ein Zuhause mit meinem persönlichen Prinzen zu erschaffen und darin glücklich zu sein, bis dass der Tod uns scheidet, war mir nicht vergönnt. Diesen Traum vermisse ich. Und es fällt mir schwer, mir einzugestehen, dass ich ihn überhaupt mal hatte. Denn das macht mich verletzlich und angreifbar und wirft Fragen auf. Bin ich gescheitert? Vielleicht! Aber ich mache das Beste draus. Das Leben wird vorwärts gelebt und rückwärts verstanden.

Es gibt da diesen jüdischen Trinkspruch, der aber auch ohne Alkohol sehr gut funktioniert: »L'Chaim!« – »Auf das Leben!« Denn das Leben will gelebt werden. Ich habe mich nicht geirrt, als ich jeden dieser drei Männer so sehr liebte, wie ich es eben tat. Alle meine Kinder sind Wunschkinder. Die Patchwürgfamilie ist vielleicht nicht mein Idealzustand und deckt sich null mit meinen Kleinmädchenträumen, aber sie ist meine Realität, und ich gebe mir die größte Mühe, dass sie funktioniert. Mit einer extra Portion Liebe und Achtsamkeit.

Leidenschaft

»Eifersucht ist eine Leidenschaft, die mit Eifer sucht, was Leiden schafft«, hat Franz Grillparzer vor langer Zeit mal geschrieben. Manche glauben ja, Eifersucht gehöre zur Liebe dazu oder sei sogar ein Indikator dafür, dass man richtig liebt. Das glaube ich nicht. Liebe ist im Idealfall selbstlos. Eifersucht gehört zu ihren Risiken und Nebenwirkungen und hat meist mehr mit einem selbst zu tun als mit der anderen Person. Sie ist das Gefühl, nicht genug zu bekommen oder zu denken, jemand anderes bekäme das, was einem selbst zusteht. Eifersucht bedeutet, das Gefühl zu haben, nicht gesehen zu werden oder nicht genug Wertschätzung zu erfahren. Ich kenne keine Frau, die nicht irgendwann mal in den privaten Nachrichten ihres Mannes rumgestöbert hätte. Das ist immer eine schlechte Idee! Entweder frau findet etwas, was sie lieber nicht wissen wollte, oder sie interpretiert unschuldige Nachrichten falsch. Gut endet es auf jeden Fall nie!

Andererseits ist angelogen zu werden die größte Geringschätzung überhaupt. Das ist der wahre Betrug. Einen Fehltritt kann man unter Umständen verzeihen, aber nur wenn jemand dazu steht und einen nicht anlügt. Wenn ich Zeit mit jemandem verbringe und danach erfahre, dass die Person während dieser Zeit schon nicht mehr ganz ehrlich zu mir war, ist das einfach nur ätzend! In all meinen Beziehungen wäre ich gern weniger eifersüchtig gewesen und auch in puncto sexueller Treue etwas nachsichtiger, aber so ganz ist mir das nie gelungen. Die Quelle für Eifersucht, wie für viele andere Probleme auch, sind ein geringes Selbstwertgefühl und zu hohe Erwartungen, auch in meinem Fall. Meine Oma Anna sagte in dem Zusammenhang stets: »Wer erwartet, der wartet!« Und das stimmt.

Wir stehen unserem Glück selbst im Weg, wenn wir zu viel von einem Partner verlangen. Gerade Frauen haben diese Tendenz, auf Mister Right zu warten, der einen dann bitte für den Rest des Lebens wunschlos glücklich machen soll. Was für ein Unfug! In unzähligen Filmen und Serien wird uns dieses falsche Frauen- und auch Männerbild vorgegaukelt. Ich denk mir da immer: Und dann? Was passiert, wenn du Mister Right gefunden hast? Bist du dann glücklich? Und was ist, wenn er wieder weg ist? Dich kann kein anderer Mensch glücklich machen als du selbst. Liebe ist kein Heilpflaster fürs Selbstvertrauen, und es wäre idiotisch zu verlangen, dass der Mann an deiner Seite alle deine Probleme löst und dich jeden Tag auf Händen trägt. Wenn man jemanden gefunden hat, mit dem zusammen es schöner ist als allein, muss man diese Liebe hegen und pflegen. Wenn man Glück hat, gedeiht sie – aber ohne Arbeit von beiden Seiten verdorrt sie mit Sicherheit. Leider wird eine Frau diese falsche Konditionierung nur sehr schwer wieder los. Die Vater-Tochter-Beziehung spielt dabei wahrscheinlich die größte Rolle. Wenn ein Vater es schafft, seiner Tochter bedingungslose Liebe zu schenken, dann wird diese zu einer Frau heranwachsen, die dieses Gefühl nicht mehr in einem Mann suchen muss. Starke Frauen brauchen starke Väter.

Bedingungslose Liebe spürt man am ehesten zu seinen Kindern – oder wenn man sich verknallt hat! »Wer an die Freiheit des menschlichen Willens glaubt, hat nie geliebt und nie gehasst«, schreibt die österreichische Erzählerin Marie Freifrau von Ebner-Eschenbach. Ich würde es so formulieren: Wenn du richtig verliebt bist, bist du am Arsch, und wenn einer mehr liebt als der andere – dann bist du so richtig am Arsch! Verliebtheit raubt dir jegliche intellektuelle Fähigkeiten. Die Hormone kapern alle deine Gedanken: Du kannst nicht mehr essen und nicht mehr schlafen, weil du nur noch an diesen einen Menschen denkst. Wenn du beim Einkaufen ganz genau weißt, was der andere gern isst, und es dich dann so kribbelig-glücklich macht, diese Sache für ihn oder sie zu kaufen – das ist Verliebtheit. Ich habe schon die verrücktesten Sachen gemacht, weil ich verliebt war. Ich bin mit klopfendem Herzen nachts bei strömendem Regen fünf Stunden Auto gefahren, um den Liebsten zu überraschen, oder habe spontan superteure Flugtickets besorgt, um ihm hinterherzufliegen. Ich habe Schlüssel verschwinden lassen, damit jemand nicht gehen kann, unzählige Briefe mit Liebesbotschaften verschickt und auch ein paar Dinge getan, auf die ich weniger stolz bin. Einem Freund, der noch was mit seiner – wie er mir versichert hatte – Ex-Freundin am Laufen hatte, habe ich mal die Zahnbürste ins Klo gesteckt und seiner »Ex« in den Creme-Tigel gepinkelt. Wie gesagt, ich wäre sehr gern frei von Eifersucht, aber bin es leider nicht.

Als Pierre, der Vater meiner großen Tochter, lange nach unserer Trennung geheiratet hat, ging ich aber trotzdem zur Hochzeit und feierte mit den beiden Frischvermählten – auch für meine Tochter. Meine Kinder sollen lernen, dass Partnerschaften zerbrechen können, aber Familie bleibt. Die wirst du nie wieder los, ob du willst oder nicht. Pierre und ich trennten uns, als unsere Tochter drei Monate alt war. Sie ist bei mir aufgewachsen, sieht ihren Vater aber regelmäßig. Wir gehen auch alle drei öfter gemeinsam essen oder feiern bestimmte Ereignisse wie zum Beispiel ihre Zeugnisvergabe. Als Eltern sind wir meistens ein gutes Team, und ich bin ihm sehr dankbar dafür, dass er mir als Mutter vertraut. Es ist schön, gesehen zu werden – auch wenn ich das für mein Selbstbewusstsein heute nicht mehr unbedingt brauche.

Beziehung statt Erziehung

Meine kleinste Tochter schaute mich neulich ganz lange an und sagte dann:
»Mama, weißt du was?«
»Ja, was denn?«
»Weißt du was?«
»Ja, ich weiß was, aber was denn?«
»Du bist gar nicht erwachsen, du tust nur so!«
Kindermund tut Wahrheit kund! Endlich hat mich mal jemand verstanden. Sie hatte völlig recht. Meistens tue ich nur so, als wäre ich erwachsen. Ich habe mir das berühmte innere Kind bewahrt und kann gerade deshalb meine eigenen Kinder so gut verstehen.

Erziehung ist schon eine verrückte Angelegenheit. Da sind diese kleinen, unschuldigen Wesen, die nichts von der Welt wissen, und als Elternteil hat man die ungeheure Verantwortung, ihnen alles beizubringen, was überlebensnotwendig und gesellschaftlich relevant ist. Sie registrieren all unsere Bewegungen, jede noch so kleine Geste, und ahmen alles nach. Kinder sind ein gnadenloser Spiegel unserer selbst – und noch weit mehr als das. Sie sind ganz neue Persönlichkeiten, die uns in die Zukunft führen. Gerade die ersten Jahre sind für sie die prägendsten. Das hat sich mittlerweile herumgesprochen. Da kann so viel schiefgehen! Kein Wunder, dass auf vielen Eltern ein enormer Druck lastet. Wir setzen alles daran, möglichst gute Eltern zu sein und unseren Nachwuchs optimal zu fördern. Aber was genau gute Eltern ausmacht, darüber scheiden sich die Geister.

Die von mir hoch geschätzte Katja Saalfrank, besser bekannt als »die Supernanny«, hat es für mich ganz gut auf den Punkt gebracht: »Beziehung statt Erziehung.« Erziehung ist ein von außen aufgestülptes Konstrukt, das zu allen Zeiten und in allen Gesellschaftsschichten unterschiedlich aussieht. Was man darf und tun sollte, ist heftigen Schwankungen ausgesetzt und individuell sehr unterschiedlich. Auch verschiedene Erziehungsmethoden, ob nun antiautoritär, streng oder bedürfnisorientiert, können bei dem einem Kind Wunder wirken und dem anderen Kind schaden. Sicher ist nur, dass ohne eine vertrauensvolle Beziehung zu Bezugspersonen kein Kind glücklich und gesund wird. Mit anderen Worten: Egal, wie kompliziert es mit deinem pubertierenden Teenager oder deinem schreienden Dreikäsehoch ist – solange deine Kinder noch zu dir kommen und sich bei dir aussprechen, solange sie wissen, dass du die Person bist, die ihnen Hilfe und Schutz bietet, ist alles in Ordnung. Das sogenannte Trotzalter ist in Wahrheit der Beginn der Authentizität. Wenn Kinder anfangen, sich von den Eltern zu lösen und selbstständig die Welt zu erkunden, machen sie frustrierende Erfahrungen. Das geht uns Großen ja genauso. Wenn ich mir vornehme, auf einen Baum zu klettern, und es aus irgendwelchen Gründen nicht schaffe, frustriert mich das. Was hilft es mir da, wenn irgendjemand käme und mir sagt: »So, zur Strafe bleibst du jetzt zwei Stunden hier am Boden sitzen!« Das ist doch völlig absurd.

Strafen finde ich generell falsch. Die allerschlimmste ist Liebesentzug als Reaktion auf unerwünschtes Verhalten. Dadurch geht so viel kaputt in einer Kinderseele! Ein Kind sollte sich immer geliebt fühlen, egal, was es angestellt hat. Verhaltensregeln sind auch nicht dazu da, damit es für die Eltern leichter wird, sondern damit die Kinder lernen, auf sich selbst acht zugeben und sich in der Gesellschaft zurechtzufinden. »Nicht aus dem Fenster lehnen!« ist etwas völlig anderes als »Du darfst Erwachsenen nicht widersprechen!« Letzteres habe ich tatsächlich mal in der U-Bahn gehört. Dieses Kind tat mir so leid. Man hörte förmlich den Knacks, den sein Selbstbewusstsein bekam. Das Kind mag vielleicht brav sein und auf die Eltern hören, solange es klein ist, aber was für ein Erwachsener wird denn bitte aus dieser Person? Wie soll jemand für sich einstehen, der nie gelernt hat, zu widersprechen? Und wenn dieser Mensch dann selbst Kinder hat, wird er sich auch nicht anders zu helfen wissen, als ihnen den Mund zu verbieten. Konflikte muss man aushalten können und sie wohlwollend lösen! Das ist eine der wichtigsten Aufgaben als Elternteil.

Ich bestrafe meine Kinder nicht, aber ich setze ihnen Grenzen. Und zwar meine Grenzen. Das ist jedoch nichts Negatives. Meine jüngste Tochter spielt gern mit mir zusammen, meistens Playmobil. Sie hat nicht so große Lust, sich mit sich selbst zu beschäftigen. Wenn ich aber gerade telefoniere oder kochen muss, dann sage ich ihr, dass ich diese Zeit jetzt für mich brauche. Sie hat dann die Wahl, entweder ein Hörbuch zu hören oder sich mit ihren Spielsachen zu mir in die Küche zu setzen. Ich verbiete ihr nicht, bei mir zu sein, sondern schlage ihr einen Kompromiss vor, der für uns beide funktioniert. Somit respektiere ich ihre Wünsche. Das ist das Gegenteil von »Das macht man so!« oder »Geh jetzt in dein Zimmer!« Für mich sind meine Kinder die wichtigsten Menschen in meinem Leben. Wir teilen uns eine Wohnung und müssen miteinander umgehen. Dieses Miteinander wird ständig abgeglichen und angepasst, je nach Alter und Entwicklungsstand. Ich bin die Erwachsene, deshalb weiß ich Sachen wie »Wenn du im November barfuß auf den Balkon gehst, fängst du dir eine Erkältung ein« oder »Die Milch muss in den Kühlschrank, sonst wird sie sauer«. Ich habe mehr Wissen und deshalb mehr Macht als meine Kinder. Ich entscheide zum Beispiel, wann sie ins Bett gehen. Da haben sie wenig Mitbestimmungsrecht, aber ich bin deshalb nicht mehr wert als sie! Das ist ein entscheidender Unterschied. Gleichwertigkeit, aber nicht Gleichberechtigung. Das habe ich schon lange intuitiv so gelebt, aber erst seit ich nüchtern bin, kommen solche Erkenntnisse auch ganz detailliert ausformuliert an die Oberfläche. Ich bin mir jetzt dessen bewusst, was ich tue – und warum.

Ich erinnere mich noch an eine Situation ganz früher in Hamburg, als mein Sohn noch klein war. Er war sehr sauer, weil ich ihm den Roboter, den er im Laden gesehen hatte, nicht kaufen wollte. Es war kurz vor seinem Geburtstag, und ich wollte mit diesem Geschenk noch warten. Wir waren draußen spazieren, und er tobte und schrie, kickte Steine vor sich hin und war ziemlich frustriert. Ich blieb währenddessen ganz ruhig und sagte ihm immer wieder: »Ich bin da, es ist alles gut.« Ich ging so neben ihm, dass meine Hand direkt an seiner Seite schlenkerte, so konnte er sie jederzeit nehmen. Er hatte die ganze Zeit über die Option, zu mir zu kommen, weil ich ihm signalisierte: Ich bin da. Wäre ich wütend geworden über mein trotziges Kind und stur mit verschränkten Armen weitergegangen, hätte ich uns beiden diese Chance genommen. Weggehen ist keine Option für mich. Ich bin immer da für meine Kinder. Das schafft Vertrauen und Selbstsicherheit.

Ich glaube, man kann Kinder nicht genug lieben. Mit dem, was sie brauchen, kann man sie nicht verwöhnen. Dazu gehören Liebe und Fürsorge, aber eben auch das Aushalten bestimmter Situationen und Gefühle. Gerade wenn die Kinder sich selbst mal nicht aushalten können. Als Erwachsene sind wir stärker, physisch und im besten Fall auch psychisch. Es ist unsere Pflicht, für unsere Kinder da zu sein, selbst wenn sie noch so sehr rebellieren und rumzicken. Ich sage meinem Nachwuchs immer: »Ich liebe euch, komme, was wolle. Selbst wenn ihr die Kronjuwelen von Engelland stehlt!«

Zigeunerschnitzel

»Nur ein Eis am Tag!« – das ist eine dumme Regel. Es gibt Tage, da kann man nichts anderes essen als Eis, und das ist dann auch okay so. Ich halte Regeln zwar für wichtig, aber ich bin kein Fan von Dogmen. Es kann also mal mehrere Portionen Eis geben, aber eben niemals kein Gemüse. Meine Kinder müssen zu jedem Essen Rohkost verspeisen, sie dürfen sich aber aussuchen, welche. Ich finde es erschreckend, was ich in manchen Mom-Blogs schon so gelesen habe. Da wird Gemüse püriert und heimlich irgendwo untergemischt. Das ist ja fast schon kriminell! Mag sein, dass dadurch die nötigen Vitamine in das Kind gepumpt werden, aber gesunde Ernährung lernt es dadurch noch lange nicht. Das sind dann am Ende die Kinder, die keine Tomaten essen – nur Ketchup.

In puncto Essen gibt es ein Gericht, das in unserer Familie zum geflügelten Wort geworden ist. Ursprünglich war es Zwiebelrostbraten, doch eine Generation später wurde daraus Zigeunerschnitzel. Folgendes trug sich zu: Als ich noch zur Schule ging, war oft mein Vater für das Kochen zuständig, wenn ich mittags nach Hause kam. Er musste ja erst abends zu seiner Vorstellung nach München fahren, und wenn er keine Proben hatte, war er um die Mittagszeit meist zu Hause. Er war ein sehr guter Koch und servierte normalerweise deftige Gerichte mit viel Fleisch. Anders geht's in der österreichischen Küche ja auch gar nicht. Jedenfalls kochte er mit viel Liebe auch öfter einen aufwendigen Zwiebelrostbraten. Das ist eine Art Roastbeef mit gebratenen Zwiebeln obendrauf. Ich fand Zwiebelrostbraten schon okay, aber hatte irgendwie den richtigen Moment verpasst, meinem Vater mitzuteilen, dass es nicht gerade mein Leibgericht war, wie er jedoch fest vermutete. Ich wollte ihm nicht das Herz brechen und habe dieses Missverständnis daher nie aufgeklärt.

Bei meinen Kindern wiederholte sich die gleiche Anekdote dann beinahe mit dem artverwandten Zigeunerschnitzel. Das ist paniertes Schweinefleisch mit einer Paprikasoße obendrauf. Als ich dieses Gericht eines Tages auftischte, stocherte der Nachwuchs einfach nur lustlos in seinem Essen herum, und ich erinnerte mich an die Episode, die ich mit meinem Vater erlebt hatte. Ich sagte also: »Wenn es euch nicht schmeckt, müsst ihr's nicht essen!« Darauf atmeten sie erleichtert auf und schmierten sich Käsebrote.

Ich hätte ja auch beleidigt sein können, schließlich hatte ich den halben Tag in der Küche gestanden. Aber es ging mir um die Beziehung zu meinen Kindern, und Offenheit ist da eines der obersten Gebote. Ich habe nichts davon, wenn sie etwas in sich reinstopfen, was ihnen nicht schmeckt, nur um mich nicht zu verletzen. Seitdem ist »Zigeunerschnitzel« bei uns ein Codewort für »Ich mag das nicht!« Das darf jeder verwenden, ohne dass der andere böse darüber ist. Genau das ist das Tolle an Codewörtern: Sie beziehen sich auf ein Erlebnis, das man gemeinsam analysiert hat, und sind daher viel leichter verdaulich als ein einfaches »Bäh!« Und dieses spezielle Codewort passt in den unterschiedlichsten Situationen! Wenn meine große Tochter ihre Wäsche in ihrem Zimmer zu einem Berg anhäuft, statt sie wie abgesprochen in den Wäschekorb ins Bad zu bringen: »Zigeunerschnitzel!« Wenn meine Jüngste auf dem Spielplatz ein anderes Kind nicht mitspielen lässt: »Zigeunerschnitzel!« Und auch ich werde, wenn ich mal zu viel schimpfe und nicht damit aufhöre, obwohl ich schon alles dreimal gesagt habe, ab und an durch ein kollektives »Zigeunerschnitzel!« meiner beiden Töchter zur Ruhe gebracht. Es ist ganz wichtig, dass das Codewort für alle gilt. Ich bin nicht die Einzige, die »zigeunerschnitzeln« darf. Dadurch haben meine Kinder die Möglichkeit, sich zu wehren und ihre Bedürfnisse schnell und direkt an die Frau zu bringen.

Eines meiner Kinder ist schon erwachsen, das zweite gerade in der Pubertät und das dritte noch im Kindergarten. Ich muss also momentan das gesamte Spektrum des Mutterseins abdecken. Das ist nicht immer leicht, und ich kann auch nicht sagen, dass mir die Erfahrungen mit meinem Sohn bei meiner pubertierenden Tochter sonderlich weiterhelfen. Sie sind alle Individuen und sehr unterschiedliche Charaktere noch dazu. Ich lerne jeden Tag etwas Neues. Über sie und über mich! Vor allem muss ich lernen, loszulassen. Je älter meine Kinder werden, desto weniger brauchen sie von mir. Ich bin stolz auf alle drei, auf ihre Eigenständigkeit, ihren Mut und ihre Augen – nicht nur, weil es meine sind. Ich bin beeindruckt davon, wie sie mit offenen Augen die Welt wahrnehmen. Ich lasse sie ihren eigenen Weg gehen. Kinder kann man nicht formen. Man kann nur Tangenten an einen Kreis anlegen und die Jungen sanft in die richtige Richtung schubsen, aber gehen müssen sie allein. Ich wünsche mir, dass sie sich die guten Dinge von mir und ihren Vätern zum Vorbild nehmen und die weniger guten als Warnung sehen. Und vor allem wünsche ich mir, dass meine Beziehung zu meinen Kindern nie zerbricht. Ich bin da, aber ich lasse auch los. Ich versuche, meine Verlustangst nicht zu ihrer zu machen. Und im Zweifelsfall gibt's ja immer noch das Codewort »Zigeunerschnitzel«!

Höflichkeit

In meinem Kiez gibt es einen relativ teuren Schuhladen für Kinder, wo die Prenzlberg-Eltern sehr viel Geld für ein Paar Schuhe ausgeben, das den kleinen Lebensinhalten nach zwei Monaten sowieso nicht mehr passt. Ich gebe es zu: Ich bin mit meiner kleinen Tochter auch öfter dort. Neulich haben wir in dem Geschäft allerdings eine merkwürdige Szene mitansehen müssen. Ein Hipstervater mit Bart und Männerdutt war mit seinem etwa dreijährigen, vermutlich antiautoritär erzogenen Sohn Schuhe kaufen. Der Papa klebte die ganze Zeit am Smartphone, während die Verkäuferin dem Junior verschiedene Paar Schuhe anzog. Dem Kleinen wurde schon bald langweilig, also nahm er einen braunen Lederschuh und haute damit der Verkäuferin auf den Kopf. Diese sagte »Stopp!« und bat auch den Vater, einzuschreiten. Der aber blickte nur kurz vom Bildschirm hoch und kommentierte: »Wieso? Sie wollen doch was verkaufen!«

Eine derartige Respektlosigkeit würde ich bei meinen Kindern niemals dulden! Bei uns sind Freundlichkeit und Respekt füreinander eine Grundmaxime. Ich erwarte von meinen Kindern zum Beispiel auch, dass sie immer Bitte und Danke sagen. Das ist ein Konzept, das im Prenzlauer Berg heutzutage nicht mehr von allen gelebt wird. Ich habe mal einem anderen Kind auf dem Spielplatz einen Keks gegeben. Es schnappte sich die Süßigkeit und wollte einfach so verschwinden, also fragte ich:

»Wie heißt das Zauberwort?«

Seine Mutter kanzelte mich sofort ab: »Oh, wir glauben nicht an solche Konzepte!«

»Freundlichkeit? Hätte nie gedacht, dass die mal aus der Mode kommt!«

Sie lächelte nur schief und setzte sich ein paar Meter weit von uns weg.

Ich verlange von meinen Kindern nicht, dass sie jedem pöbelnden Opa auf dem Gehweg einen guten Tag wünschen. Sie müssen auch keinem wildfremden Menschen die Hand geben, aber wenigstens kurz anerkennen, dass dieser Mensch da ist, und zur Begrüßung nicken.

Eine andere Höflichkeitsregel lautet: »Wir beschimpfen uns nicht!« Ich würde niemals ein Schimpfwort gegen eins meiner Kinder verwenden. Sicher rutscht mir mal ein »Scheiße« raus, wenn mir das Joghurtglas aus der Hand fällt und auf dem Küchenboden in tausend Stücke zerschellt, aber dann entschuldige ich mich und gelobe Besserung. Wichtig ist jedoch, sich nicht gegenseitig mit bösen Worten zu beschämen. Schimpfwörter tun nicht nur dem anderen weh, sondern auch einem selbst. Sie vergiften die eigenen Gefühle. Das nennt man Innenweltverschmutzung.

Frust

Der Alptraum aller Eltern mit kleinen Kindern ist das Anstehen an der Supermarktkasse. Kaum steht man in der Schlange, geht das Gebettel los: »Darf ich bitte einen Kaugummi haben? Oder ein Ü-Ei? Biiitteee!« Je länger die Schlange, desto heftiger das Maulen. Doch auf diese Diskussionen der kleinen Zuckerjunkies sollte man sich gar nicht erst einlassen! Einmal ja heißt immer ja. Das Zeug heißt nicht umsonst Quengelware! Das ist doch total berechnend. Da wird den vom Einkaufen eh schon erschöpften oder gelangweilten Kindern dieser bunte Zuckerberg vor die Nase gesetzt – klar, dass die bei diesem Anblick völlig ausflippen und sich auf den Boden werfen. Den Eltern bleibt dann nur die Wahl zwischen paradoxer Intervention, also irgendetwas tun, was das Kind nicht erwartet, zum Beispiel laut singen oder sich ebenfalls auf den Boden werfen – das habe ich alles schon erlebt. Oder aber man macht »mal eine Ausnahme« und kauft eben das Überraschungsei, weil man peinlich berührt ist – sehr zur Freude der Supermarktkette. Mir ist das aber zu doof, schon aus Prinzip. Nein heißt nein! Und wenn meine Tochter deswegen eine Szene macht, kann das in meinem Fall unter Umständen auch besonders unangenehm sein, weil die alte Dame hinter mir in der Schlange vielleicht sogar meinen Namen kennt: »Ach, Frau Baumeister, nun seien Sie doch nicht so! Wenn sie es denn unbedingt will!« Aber ich bleibe da standhaft. Im Zweifelsfall singe ich halt laut, das ist meiner Tochter dann so peinlich, dass sie von selbst aufhört.

Frustrationstoleranz ist eins der wichtigsten Dinge, die Kinder lernen müssen. Neulich habe ich mit meiner kleinen Tochter vor unserer Haustür einen Miniflohmarkt veranstaltet. Sie hat dafür eifrig ihre Spielsachen und Bücher aussortiert und sich darauf gefreut, möglichst viel zu verkaufen. Denn der Deal war, dass sie sich von dem Geld, das wir an diesem Tag verdienen würden, neue Spielsachen kaufen durfte. Da saßen wir also an diesem schönen Samstag vor unserer Tür – und niemand kam. Eine Stunde lang. Meine Tochter wurde immer frustrierter. Schließlich kam eine Freundin vorbei, und ich flüsterte ihr bei der Umarmung zur Begrüßung ins Ohr: »Bitte kauf das Bobbycar! Ich geb' dir auch das Geld!« So waren wir immerhin eine Sache »los«. Meine Freundin schlug vor, wir sollten vielleicht lieber einpacken, damit es nicht zu traurig für meine Kleine würde. Aber ich fand, da mussten wir jetzt durch! Es mochte nicht optimal laufen, aber wir konnten aus dieser Situation etwas lernen. Weil wir ja so viel Zeit hatten, fing ich an, Bücher vorzulesen. Immer mehr Kinder blieben daraufhin bei uns stehen und hörten mir zu. Auch ihre Eltern fanden das cool, und so kauften sie uns nach und nach fast alle unsere gebrauchten Bücher ab. Am Ende hatten wir etwas mehr als sechzig Euro zusammen und spazierten zum nächsten Spielzeugladen. Voller Stolz suchte sich meine Kleine einen Stoffhund und eine Barbie aus.

Auf dem Rückweg bereute sie allerdings ihre Entscheidung, denn sie hatte am Ende noch eine Astronautenbarbie entdeckt und wollte nun doch lieber die. Sie wollte von mir, dass wir zurückgingen und ich die ihr auch noch kaufte. Dazu sagte ich ganz klar Nein. Sie muss akzeptieren, dass sie nicht alles haben kann. So was muss man üben. Natürlich war sie stocksauer auf mich und auch auf sich und weinte ganz bitterlich. Das tat mir unendlich leid. Es wäre ein Leichtes gewesen, ihr diese Trauer zu nehmen, aber was hätte sie dann langfristig daraus gelernt? So hat sie am eigenen Leib erfahren, wie man Frust auszuhalten kann und dass dieses Gefühl auch irgendwann vorbeigeht. Sie hat gelernt, nicht ihr ganzes Geld auf einmal auszugeben und dankbar zu sein für die Spielzeuge, die sie hat. Immerhin hatte sie eine Barbie und keine doofe Sindypuppe!

Spätestens wenn sie die Astronautenbarbie dann zu Weihnachten bekommt, wird sie sehr stolz auf sich sein, weil sie auch noch gelernt hat, auf etwas zu warten. Frustrationstoleranz ist Suchtprävention. Wenn du es schaffst, Frust auszuhalten, und lernst, nichts zu brauchen, um diesen Frust auszuschalten, dann wirst du später nicht so schnell abhängig. So weit die Theorie. In manchen Kindergärten gibt es deshalb über mehrere Wochen hinweg eine spielzeugfreie Zeit, in der die Kinder nur mit Dingen spielen können, die sie zu Hause oder draußen irgendwo finden. Da werden aus Pappbechern Puppen gebaut und Müllsäcke zu Kostümen umfunktioniert. Das schult auch extrem die Kreativität.

Ich will meinen Kindern ermöglichen, ihre eigenen Erfahrungen zu machen, auch wenn sie mal auf die Nase fallen. Und ich lasse sie eigene, altersgerechte Entscheidungen treffen. Wenn meine Jüngste am Wochenende den Faulibär spielen und zu Hause Hörspiele hören und dabei malen will, dann darf sie das. Selbst wenn ich einen Ausflug mit dem Tretboot auf den See geplant habe. Sie hat das Recht dazu, unseren Tagesablauf mitzubestimmen, sofern nichts Wichtiges ansteht. Dadurch lernt sie Selbstwirksamkeit. Also das Bewusstsein dafür, dass sie mit ihren Aussagen und Handlungen etwas bewegen kann. Wenn sie im Kindergarten Konflikte hat, lasse ich sie die auch immer erst mal allein lösen. Ich gehöre nicht zu der Sorte Mütter, die andere Mütter auffordert:

»Können Sie bitte mal mit Ihrem Sohn sprechen? Es ist völlig inakzeptabel, dass er immer den Tuschkasten meiner Tochter mitbenutzt. Sie hat fast gar kein Pink mehr!« Meine Kleine muss lernen, dass sie solche Sachen selbst klären muss, und das geht nur durchs Üben!

Ich wünsche mir, dass meine Kinder ein starkes Selbstbild haben. Dass sie von klein auf das lernen, was ich so schwer und erst viel später gelernt habe. Nämlich dass sie sich selbst der beste

Freund oder die beste Freundin sind. Der Mensch, der immer an ihrer Seite sein wird, sind sie selbst! Und deshalb sollen sie liebevoll mit diesem Menschen umgehen. »Sei vorsichtig, was du zu dir sagst, du könntest zuhören!« lautet ein Sprichwort. Und das stimmt! Es macht mich wahnsinnig, wenn meiner Tochter etwas nicht gelingt und sie dann sagt: »Ich bin so doof!« Ich gehe dann immer in Kampfstellung. »Wer hat das gesagt? Wen soll ich fertig machen? Niemand redet so mit meiner Tochter!«

Ich erkläre meinen Kindern auch, dass ich niemals wütend auf sie bin, höchstens auf etwas, was sie getan haben. Ich bin auch manchmal sauer auf Sachen, die ich gemacht habe, dennoch finde ich mich nicht blöd! Besonders die weiblichen Vorbilder von kleinen Mädchen sollten darauf achten, wie sie mit sich selbst umgehen. Achten Sie mal darauf, wie Sie über ihren Körper sprechen. Wenn eine Mutter ständig vor dem Spiegel steht, den Bauch einzieht und »Ich bin so fett« lamentiert, braucht sie sich nicht zu wundern, wenn ihre Tochter irgendwann nur noch Möhren knabbert!

Ich bin das Vorbild meiner Kinder, ob ich will oder nicht. Ich bin kreativ und alles andere als wohldosiert! Ich bin überschwänglich in meiner Liebe. Ich lasse Gemüse, Haarbürsten und Kuscheltiere sprechen, wenn es zweckdienlich ist. Manche Freunde meiner Kinder halten mich für ein wenig gaga. Mein Sohn hatte mal einen Freund, der sagte immer: »Ist mir egal!« – zu allem. Das hat mich irgendwann so aufgeregt, dass ich ihm sagte: »Wenn du noch einmal ›egal‹ sagst, trete ich dir auf den Fuß!« Natürlich tat er es wieder – und ich trat ihm tatsächlich auf den Fuß! Er schaute mich nur entsetzt an. »Ja, was denn? Ich habe dich doch gewarnt!« Drohungen müssen schließlich Konsequenzen haben.

Ich liebe meine Kinder über alles, und ich will natürlich auch gern von ihnen geliebt werden, aber ich bin ihre Mutter und nicht ihre Freundin. Das bedeutet, dass ich auch mal unliebsame Entscheidungen treffen muss. Dass meine pubertierende Tochter sich umziehen muss, wenn sie zu kurze Sachen anhat, oder meine Vierjährige, die sich jeden Schnupfen einfängt, sich eben nicht aussuchen darf, ob sie eine Mütze aufsetzt oder nicht. Und wenn ihnen das nicht passt, habe ich noch eine ganz besondere Option parat. Ich sage dann: »Ich gebe euch die Nummer der Elterntauschzentrale, da könnt ihr anrufen und euch beschweren. Aber meistens ist besetzt, und am Wochenende geht eh nur der Anrufbeantworter ran.« Tja, da müssen sie am Ende dann wohl oder übel doch mit mir vorliebnehmen.

Freundschaft

Wahre Freunde sind die Menschen, die einen wirklich gut kennen und trotzdem lieben. Deshalb bin ich sehr wählerisch, wen ich in meinen Freundeskreis aufnehme. Meine Familie ist natürlich Teil davon, aber auch meine langjährigen Freundinnen, die aus unterschiedlichen Phasen meines Lebens stammen. Mit meinen besten Freundinnen habe ich unzählige vergoldete Bruchstellen. Meine Beziehungen sind ein einziges goldenes Mosaik. Uns verbinden Freud und Leid. Zwischen meinen Freundinnen und mir gibt es so viel gelebte Geschichte, so viel Ehrlichkeit, Liebe und gemeinsam geteilten Kummer. Wir könnten uns jahrelang nicht sehen, aber wenn wir uns dann treffen würden, würden wir genau da weitermachen, wo wir aufgehört haben. Auch wenn sich alles verändert, bleiben unsere Bande stark.

Meine Freundin Henriette kenne ich seit 23 Jahren. Ich habe sie in Hamburg kennengelernt, als mein Mann Rainer und ich uns Kitas für unseren Sohn anschauten. In einer Kita kam ein kleiner Junge mit Superman-T-Shirt zu uns rüber gerannt, nahm meinen Sohn an die Hand und sagte: »Komm, ich zeig dir alles.« Von da an waren die beiden beste Kumpels. Wenig später sah ich eine junge Frau mit blonden Zöpfen und einer bayrischen Strickjacke zu eben dieser Kita laufen und dachte spontan: Ich will, dass die meine Freundin ist! Mit der Naivität eines Kindergartenkindes – und schwupps waren wir verliebt. Es stellte sich heraus, dass die blonde Henriette die Mutter des kleinen Supermans war, der meinen Sohn so liebevoll aufgenommen hatte.

Rainer und ich waren dann irgendwann bei Henriette und ihrem Mann, einem erfolgreichen Musikproduzenten, zum Essen eingeladen. Wir quatschten fröhlich, als Henriette mich fragte, was ich eigentlich beruflich mache. Ihr Mann schaute sie völlig entgeistert an und sagte: »Du weißt schon, wer da sitzt?!« Sie musterte mich irritiert. Es dauerte eine Sekunde, bis es bei ihr klick machte. Sie erschrak richtig und schrie laut auf. Das war so lustig! Ich liebe sie dafür. Sie hatte kein Interesse an mir, weil sie mich aus dem Fernsehen kannte, sondern einfach nur, weil ich ihr als Mensch sympathisch war. Ich war für sie die nette, coole Mutter aus der Kita ihres Sohnes. Noch heute sind wir die besten Freundinnen.

Vielleicht weil ich schon so viele intensive Beziehungen innerhalb meiner Familie habe, lasse ich mich nicht leicht auf neue Freunde ein. Ich habe nur bedingt Zeit und Kraft. Denn wenn jemand in meinem Leben ist, dann möchte ich mich auch um diese Person kümmern können. In meinem inneren Kreis ist nicht mehr so viel Platz übrig. Gerade Partypeople, die nur aufs Spaßhaben aus sind, kann ich heute nicht mehr ertragen. Seit ich trocken bin, gehe ich generell sehr viel weniger aus. Nach drei Gingerale wird es dann einfach langweilig. Manchmal fühle ich mich wie eine Spaßbremse. Früher habe ich auch sehr viele Partys bei mir zu Hause geschmissen, aber da ich nicht von allen verlangen kann, nichts zu trinken, lasse ich das heute lieber. Ich treffe meine Freunde dann eher auf einen Kaffee oder zum Mittagessen. Das habe ich früher nie verstanden. Wie kann man sich zum Lunch verabreden? Heute finde ich es super. Flexibilität ist alles.

Nicht alle meine Freunde sind mir geblieben wie Henriette. Mit manchen habe ich mich auseinandergelebt, und einige habe ich durch meine Alkoholsucht verloren. Seitdem ich nicht mehr trinke, bin ich jedoch eine viel bessere Freundin. Ich höre ganz anders zu. Ich kann mir wieder Gespräche merken, aber auch Geburtstage und andere wichtige Termine meiner Lieben. Sich kleine Aufmerksamkeiten zu schenken, eine Postkarte oder SMS zu schreiben, um zu zeigen: Ich denke an dich – das ist gelebte Achtsamkeit. Dazu war ich lange nicht fähig. Jetzt den Kopf wieder frei zu haben und bewusst mitzuerleben, was im Leben meiner Familie und Freunde passiert, ist vielleicht mein größter Gewinn, seit ich trocken bin. Ich kann viel mehr geben und bin denen, die mir durch diese schwere Phase geholfen haben, sehr dankbar. Nicht alle Freunde haben mir verziehen, und das kann ich ihnen auch nicht verübeln. Andere blieben aber trotz allem. Auch in diesen Freundschaften sind Risse entstanden, durch meinen Alkoholismus, durch Lügen und Unachtsamkeit. Doch meine Lieben und ich haben sie mit vielen Gesprächen, Ehrlichkeit und Dankbarkeit gekittet. Was uns nicht umgehauen hat, macht uns heute so stark.

Vor allem meiner Freundin Judith, der Mutter meiner Schwester, bin ich zutiefst dankbar. Sie hat mir das Leben gerettet, denn sie war es, die mich damals in die Charité gebracht hat. Später hat sie mir anvertraut, dass sie mir noch maximal sechs Monate gegeben hätte, so schlimm stand es um mich. Als ich mich bei ihr bedankte, sagte sie: »Du, das war auch nicht ganz uneigennützig. Ich wollte einfach meine Muriel wiederhaben!«

Meine Freundin Laura, die Notärztin ist, hat ebenso alle meine Höhen und Tiefen miterlebt und mich auch in den schlimmsten Situationen nicht fallengelassen. Sie sagte mal zu mir: »Es ist schön, dich wiederzuhaben, weil du jetzt wieder du selbst bist!« Das ist das schönste Kompliment überhaupt und überhaupt ein guter Grund für Freundschaft: dass man in der Freundschaft man selbst sein kann, sich entwickeln darf und die Freunde genau das auch von einem einfordern.

Judith und Laura haben mir in der Vergangenheit viele Dinge ins Gesicht gesagt, die ich zu dem Zeitpunkt lieber nicht hätte hören wollen. Aber sie hatten recht. Wir vertrauen uns so sehr, dass zwischen uns kein falsches Schamgefühl steht. Wir müssen uns einander nicht erklären, weil die Basis stimmt. Ich muss ihnen nichts vormachen und nicht lügen. Aber das kann ich erst, seitdem ich nicht mehr trinke.

Eine wahre Freundin ist jemand, die man einfach mal anrufen kann, um ihr zu erzählen, dass man gerade nicht weiterweiß. Eine echte Freundin hört zu. Das reicht oft schon. Judith ist für mich genau das. Sie ist meine Geheimwaffe. In der ganzen Zeit, die wir schon befreundet sind, hat sie circa 178.000 SMS- und E-Mail-Entwürfe von mir gegengelesen, bevor ich sie abgeschickt habe. Wir sind so eingeschworen, dass wir unzählige ungeschriebene Regeln miteinander haben. Zum Beispiel bin ich oft trotzig und sag erst mal nein. Dann muss man mich kurz in Ruhe lassen, damit ich eine Sekunde über alles nachdenken und schließlich auch über mich selbst lachen kann. Eine zweite Regel zwischen uns lautet: Wenn es brennt, muss man das auch deutlich sagen. Ich habe lange gebraucht, um sagen zu können, dass ich Hilfe brauche. Sich verletzlich zu zeigen, ist das Gegenteil von falschem Stolz. Es ist wichtig.

All diese Frauen als Freundinnen in meinem Leben zu haben, ist ein wahrer Segen. Eigentlich gehören sie für mich schon zur Familie, auch wenn noch kein offizieller Verwandtschaftsgrad für unsere Konstellation erfunden wurde.

Blütezeit

»Youth is wasted on the young«, sang Robbie Williams mal so schön. Als ich noch jung war, hab' ich überhaupt nicht über das Älterwerden nachgedacht. Ich war hübsch und entsprach voll und ganz dem Kindchenschema. Rundes Gesicht, große Augen, zierliche Statur. Ich war eins dieser 25-jährigen, superdünnen »schlechten« Vorbilder, die heute noch die meisten Hauptrollen spielen. Damit möchte ich natürlich keineswegs junge, hübsche Schauspielerinnen diffamieren. Ich wünschte mir nur, die Fernsehlandschaft würde etwas mehr Facetten des weiblichen Lebens zeigen. Ich war damals wirklich sehr schlank. Ich lebte auf der Überholspur, war ständig unterwegs, im Dauerstress und habe oft einfach vergessen zu essen. Irgendwann war ich auf 42 Kilo runter – das war zu der Zeit, als ich so krank wurde. Da merkte ich: Irgendwas stimmt hier nicht. Ein bisschen mehr Gewicht als Schutzschild täte mir gut. Daraufhin nahm ich dann etwas zu, war aber nach wie vor über viele Jahre hinweg eher ein Strich in der Landschaft.

Mein Markenzeichen waren immer schon meine Augen. Wenn ich eine Sonnenbrille aufsetze oder mir nicht die Wimpern tusche, erkennt mich niemand! Das kann manchmal ganz praktisch sein. Wenn ich also etwas an mir richtig pflege, dann sind das meine Augen. Ich bin ein wenig süchtig nach Mascara. Eine meiner liebsten ist violett. Ich tusche mir die Wimpern zuerst schwarz und die Spitzen dann noch mal lila – das gibt bei blauen Augen einen tollen Effekt. Außerdem benutze ich seit vielen Jahren Wimpernseren, auch schon, als das noch kein Trend war. Einmal saß ich im Flugzeug auf dem Weg nach München und sah eine Stewardess mit unfassbar schönen Wimpern. Ich machte ihr ein Kompliment und fragte sie nach ihrem Geheimnis. Sie empfahl mir ein Wimpernserum, das gerade erst auf den Markt gekommen war. Ich probierte es aus – und bäm! Klimperwimpern.

Obwohl ich sonst eher uneitel bin, muss Mascara sein, sonst fühle ich mich nackt. In einem Krimi habe ich mal eine sehr erschöpfte, fertige Frau gespielt, und die Maskenbildnerin schlug vor, dass wir die Wimperntusche weglassen sollten. Das passte absolut zur Rolle! Sie hatte vollkommen recht, aber ich fühlte mich ohne getuschte Wimpern so unwohl, dass ich in der Mittagspause heimlich den Maskenwagen durchkramte, um vielleicht doch noch etwas ... nur ein bisschen die Spitzen ... Aber die Maskenbildnerin erwischte mich. »Vergiss es! Hab' ich versteckt!«

Das Maskenbild allgemein ist schon eine tolle Sache. Da wird man durch die Zauberkugel geschickt und kommt nach zwei Stunden manchmal komplett generalüberholt wieder raus. Die äußerliche Veränderung hilft mir sehr bei der Rollenfindung. Es ist so faszinierend, was man alles am Aussehen verändern kann. Das fängt bei Wimperntusche und einem neuen Haarschnitt an und hört bei einer falschen Nase und Brandwunden noch längst nicht auf. Die Maske ist nicht unbedingt dazu da, einen zu verschönern, das machen eher Visagisten. Es geht immer darum, das Optimum für die Figur herauszuholen. Älter geschminkt zu werden, macht zum Beispiel richtig Spaß. Vielleicht auch, weil ich weiß, dass ich es später wieder abwaschen kann. Auch jünger schminken geht bis zu einem gewissen Grad ganz gut. Wenn ich früher eine Figur gespielt habe, die etwas jünger sein sollte als ich selbst, habe ich oft gesagt: »Wir machen einfach gar nix!« Also nur ein wenig Puder, Mascara und fertig. Ohne Make-up sah ich lange Zeit noch aus wie ein Kind. Als ich das neulich mal wieder vorschlug, wurde ich jedoch zurechtgewiesen: »Das geht leider nicht mehr! Ungeschminkt heute hat den gegenteiligen Effekt von ungeschminkt vor zehn Jahren.« Das war schon ein Schock.

Klar bin ich älter geworden, aber der Alterungsprozess kam schleichend. Bis zu meinem 35. Geburtstag habe ich das kaum mitbekommen. Ich fand älter zu werden überhaupt nicht schlimm – ich sah ja noch jung aus. Aber dann passierte es plötzlich über Nacht. Vielleicht ist mit so einem Puppengesicht, wie ich es hatte, der Kontrast besonders krass, wenn man dann plötzlich älter aussieht. Der Unterschied zwischen dem Mädchenimage und der reifen Frau ist viel größer, als wenn man schon in jungen Jahren ein eher markanteres Gesicht hat. Eventuell ist das auch der Grund, warum es so viele Vorher-Nachher-Bilder von mir im Internet gibt. Ich erinnere mich noch gut daran, wie ich einmal in der Maske saß und in einen Handspiegel schaute: Da stimmte irgendwas nicht. So um die Kinnpartie herum, da wirkte alles verschwommen. Während ich auf dem Spiegel rumrieb, um das Spiegelbild zu schärfen, musterte mich meine österreichische Maskenbildnerin und stellte fest: »Geh, Puppi, an dem Spiegel liegt das nicht!« Das war der Moment, in dem ich beschloss, mich über Hyaluronsäure zu informieren.

Hyaluronsäure kommt natürlich im Körper vor, vor allem im Bindegewebe und als Schmiermittel in den Gelenken. Im Lauf der Jahre geht ja bekanntlich der Haut die Elastizität verloren, und Falten entstehen. Die Hyaluronsäure wirkt wie ein Wasserspeicher unter der Haut und polstert diese Falten von innen auf, so dass die Haut wieder mehr Spannkraft bekommt. Durch das Unterspritzen mit diesem Stoff gelangen keine Gifte wie etwa Botox in den Körper, und die Mimik verändert sich überhaupt nicht. Man darf es natürlich dennoch nicht übertreiben, sonst bekommt man Hamsterbacken. Ich habe eine sehr gute Ärztin in Berlin gefunden, die mich umfassend berät und etwa zweimal im Jahr behandelt. Das funktioniert für mich wunderbar. Es macht mir auch nichts aus, darüber zu reden. Die meisten Schauspielerinnen jenseits der 35 haben irgendwas machen lassen. Ich finde es nur schade, dass viele ein Geheimnis daraus machen. Da heißt es dann, sie würde nur viel Wasser trinken und früh schlafen gehen ... Haha! Ich schäme mich nicht dafür, dass ich der Natur regelmäßig etwas auf die Sprünge helfe. Mit zunehmendem Alter sinkt die Kollagenproduktion in der Haut, also gebe ich hinzu, was fehlt. Ich finde es sogar sehr wichtig, in diesem Punkt offen zu sein und Erfahrungen zu teilen. Was ich hingegen nicht machen würde, sind Botox oder auch Verjüngungsoperationen wie das Facelifting. Ich habe noch nie gesehen, dass das hinterher gut aussieht. Eher entsteht dadurch so eine traurige Schönheit, die versucht, die Zeit einzufrieren, und dafür einen hohen Preis zahlen muss – ihre Mimik.

Nicht nur mein Gesicht, auch mein Körper hat sich sehr verändert. Logisch! Ich bin 47 Jahre alt und habe drei Kinder geboren. Während den Schwangerschaften habe ich mich immer am wohlsten gefühlt, so richtig rundum glücklich. Dafür sorgt natürlich der Hormoncocktail, aber auch dieses einmalige Gefühl, ein Leben zu erschaffen. Das ist einfach die größte Sache, zu der der menschliche Körper fähig ist. Eine Schwangere ist auch auf eine ganz andere Art und Weise schön. Die meisten körperlichen Reize, die wir attraktiv finden, wie schlanke Beine, eine schmale Taille oder ein großer Busen symbolisieren in der Regel ja Fruchtbarkeit. Damit soll ein paarungswilliges Männchen angelockt werden. Ist frau dann schwanger – also erwiesenermaßen fruchtbar –, sind die Beine absolut nebensächlich, von der Taille ganz zu schweigen, und ein Männchen kann frau momentan wirklich nicht gebrauchen. Deshalb war ich während meiner drei Schwangerschaften meist völlig im Reinen mit mir und meinem Körper. Der gesellschaftliche oder selbst eingeredete Druck, unbedingt sexuell attraktiv sein zu müssen, ist mit einem Mal ausgeschaltet. Die paar Extrakilos sind dann völlig egal. Es geht ja um was Wichtigeres. Nur kann ich eben nicht ständig schwanger sein. Das hab' ich ja schon ziemlich ausgereizt. Mein Sohn sagte aus Spaß mal zu mir: »Immer wenn ein Kind aus dem Haus ist, kriegst du ein Neues! Da musst du dir langsam mal was anderes überlegen.«

Seit ich 21 Jahre alt bin, also mehr als mein halbes Leben lang, bin ich Mutter. Das bleibe ich auch bis zum Ende meiner Tage, aber die Möglichkeit, schwanger zu werden und Leben zu geben, die schwindet natürlich mit dem Alter. Das ist schon ein merkwürdiges Gefühl, jetzt so kurz vor den Wechseljahren. Als wäre ich mit etwas fertig. Es gibt kein Zurück mehr. Mein Gynäkologe meinte neulich, nur halb im Scherz: »Eins geht noch!« Aber nein, danke. Ich habe meine Familienplanung abgeschlossen. Das ist für mich überhaupt keine Option mehr. Dennoch ist die Vorbereitung auf den nächsten Lebensabschnitt, der mir bevorsteht, gar nicht so leicht. Erschwerend kommt hinzu, dass meine große Tochter gerade mitten in der Pubertät steckt. Es ist wunderbar zu sehen, wie sie sich entwickelt und aufblüht. Da schlägt mein Mutterherz noch höher. Andererseits wird mir dadurch auch bewusst, dass meine Blütezeit sich langsam dem Ende zuneigt.

Alter vor Schönheit

Früher habe ich fast nie Sport gemacht. Ich war ja sowieso ständig unterwegs und übte noch dazu einen sehr körperbetonten Beruf aus, das war Bewegung genug. Joggen finde ich total langweilig. Rennen ohne Ziel? Ist doch irgendwie Zeitverschwendung. Und Fitnessstudios gehen für mich gar nicht. Diese tausend Wiederholungen auf mit fremdem Schweiß benetzten Hantelbänken sind doch absurd. Wie weit ist die Menschheit denn gekommen, dass die meisten von uns tagsüber in einem kleinen Kasten hocken und in einen noch kleineren Kasten starren, um dann abends repetitiv Gewichte zu stemmen, um ihre Arme zu formen, die morgen sowieso wieder nichts anderes zu tun haben, als etwas in den kleinen Kasten zu tippen? Die Logik dieses Kreislaufs erschließt sich mir nicht. Bewegung sollte Freude machen und mehr als nur den einen Zweck haben, Körperstellen zu definieren.

Eine Zeit lang habe ich mal Yoga ausprobiert. Das hat mir gut getan. Ich mag vor allem die Kriegerposition und die Kindspose für Kraft einerseits und Schutz andererseits. Was sich auch überhaupt nicht ausschließt, sondern perfekt ergänzt. Das Schöne am Yoga ist, dass es viel mehr als nur ein Sport ist. Die Straffung des Körpers passiert ja eher nebenbei. Es geht mehr darum, an die eigenen Grenzen zu kommen und in einen meditativen Dialog mit sich selbst zu treten. Dieser spirituelle Aspekt ist zwar toll, aber auch genau der Grund, warum ich jetzt dem Yoga abgeschworen habe. Was ich nämlich überhaupt nicht mag, ist das ganze Drumherum. Yogastudios, in denen man Unmengen von Geld lässt, um einem bestimmten Guru und seiner oder ihrer Philosophie zu frönen, nerven mich. Gerade im Prenzlauer Berg wird man ja fast schon schief angeschaut, wenn man keine Yoga-Mutter ist. Im Studio darf man dann hautnah die neueste Yoga-Modekollektion an drahtigen Elitekörpern bestaunen. Und der ständige Wettbewerb der Yoga-Moms hört natürlich auch bei ihren Kindern nicht auf. Wer steht am längsten im Kopfstand? Wer hat die stärkste Körpermitte, und wer kennt das beste Yoga-Retreat für die Herbstferien? Und dann wird noch schnell eine Yoga-Pose bei Sonnenuntergang auf Instagram gepostet. Nach der Geburt meiner großen Tochter habe ich deshalb mit Pilates angefangen. Die kleine, nicht ganz so gehypte Stiefschwester des Yoga. Da hatte ich eine Trainerin, die zu mir nach Hause kam. So blieb mir wenigstens der Yoga-Hosen-Contest erspart. Und ich musste keine indischen Vokabeln auswendig kennen. Rumpfbeugen und Halten – das genügte völlig.

Ich habe zwar in jungen Jahren oft vergessen zu essen, aber dennoch nie eine geplante Diät gehalten. Hungern kommt für mich gar nicht infrage. Ich bin ein Genussmensch und koche gern und viel. Außerdem ist mir der Jo-Jo-Effekt sehr suspekt. Warum sollte ich mich monatelang quälen, um ein paar Kilos loszuwerden? Dann freue ich mich vielleicht kurzfristig, nehme aber alles sofort wieder zu, sobald ich mein Leben wieder genieße – und sogar noch mehr! Dann lieber gleich dick bleiben ohne Qual. Aber das ist natürlich auch keine Option.

Durch meinen jahrelangen Alkoholkonsum war ich irgendwann sehr aufgedunsen. Ich hatte Wassereinlagerungen an Stellen, von denen ich nicht mal wusste, dass man da Wasser speichern kann. Noch dazu nahm ich zeitweise Antidepressiva ein, die den Stoffwechsel zusätzlich verlangsamen. Ich hab' mich manchmal richtig erschrocken, als ich Bilder von mir sah. So sehe ich aus? Das, was mir da aus dem Spiegel entgegenblickte, sah so gar nicht nach mir aus! Nach dem Entzug nahm ich dann sehr viel ab, und die Wassereinlagerungen und Augenringe verschwanden. Ganz einfach, weil ich jetzt ein gesünderes Leben führe und mich nicht mehr rund um die Uhr selbst vergifte. Aber so ganz bin ich noch nicht da, wo ich hinwill. Mein inneres und äußeres Bild von mir sind noch nicht deckungsgleich. Also habe ich angefangen, regelmäßig zu trainieren. Noch während meiner Alkoholphase bekam ich zehn Stunden bei der Personaltrainerin Pat Materne geschenkt. Das hätte ich auch als Beleidigung auffassen können, habe ich aber nicht. Ich war sehr dankbar dafür, denn diese Frau hat mich von Grund auf verändert. Weil ich noch getrunken habe, war ich natürlich nicht sehr konsequent und habe oft Trainingstermine abgesagt. Außerdem verhält sich Alkohol zu Muskelaufbau wie Wasser zu Feuer. Jeder Trainingserfolg wird zunichtegemacht, wenn man danach trinkt. Aber als ich trocken war, empfand ich den Sport dann als wahre Wohltat. Pat kommt dreimal in der Woche morgens um acht zu mir und fordert mich intensiv. Wir machen Übungen, die denen beim Pilates, meiner bis dato einzig positiven Sporterfahrung, sehr ähnlich sind. Durch Muskelübungen wie das Work-out mit dem »Kettlebell«, einer Art großen Kuhglocke, die man hin und her schwingt, habe ich gelernt, dass ich ein Muskeltyp bin. Ich bin von Natur aus gar nicht so spindeldürr gedacht. Tatsächlich baue ich sehr schnell Muskelmasse auf – das heißt, dass ich sehr viel körperliche Kraft habe, derer ich mir vorher gar nicht bewusst war. Durch das TRX-Band habe ich gelernt, mein Eigengewicht zu benutzen, um fitter zu werden. Ich brauche also kaum mehr als mich selbst und bin in der Lage, mich selbst in der Luft zu halten. Das ist ähnlich wie die Kindspose beim Yoga – sehr tröstlich. Durch unsere Planking-Wettstreite lerne ich, durchzuhalten – und zwar so lange, bis es brennt, und noch darüber hinaus. Der Körper ist zu viel mehr in der Lage, als uns klar ist. Die meisten von uns unterschätzen ihre eigene Kraft. Aber wenn man lernt, körperlich aus seiner Komfortzone herauszukommen und wirklich über sich hinauszuwachsen, dann wird man in allen Lebensbereichen mutiger und selbstbewusster. Planking hat mir auf jeden Fall sehr dabei geholfen, meinen Entzug durchzuhalten.

Ich mag auch dieses Lehrer-Schüler-Verhältnis, das zwischen Pat und mir herrscht. So wie Karate Kid seinen Mister Myagi oder Rocky seinen Trainer Mickey hatte, habe ich Pat, die mich motiviert, mir ordentlich in den Hintern tritt, wenn es sein muss, und einfach sagt: »Mach das jetzt!« Durch sie bin ich konzentrierter und bleibe mehr am Ball. Sie ist mein Alter Ego, der teuflische, durchtrainierte Engel auf meiner Schulter, der mich anspornt und meine innere Kampfpersona aktiviert. Pat weiß, wie ehrgeizig ich bin. Mit ihr an meiner Seite beiße ich mich durch!

Ich habe in den letzten Jahren zwar viel an Muskelkraft aufgebaut, aber dennoch liegt da eine Fettschicht drüber, die nicht zu mir gehört – oder nicht mehr. Nach dem Entzug brauchte ich eine Zeit lang diesen Panzer, als Schutzschild. Ich habe zwar nicht übermäßig viel gegessen, nachdem ich trocken war, aber mich schon hin und wieder mit Schokolade getröstet. Das hat mir gutgetan und ist in jedem Fall die gesündere Alternative, als zu trinken. Dennoch habe ich das Gefühl, es ist jetzt an der Zeit, auch noch diesen letzten Ballast loszuwerden. Ich werde meine Alkoholabstinenz nicht als Ausrede für diesen kleinen Rettungsring benutzen, der mich momentan noch umgibt. Also ist der nächste Schritt: Ich will meine Ernährung umstellen, und zwar dauerhaft. Vor allem den Verzehr von Zucker und Weißmehl möchte ich reduzieren. Ich esse kontrollierter, meinem Kalorienverbrauch entsprechend und ergänze mein Essen durch Proteinshakes. Aber das alles ist auf einen langfristigen Gewichtsverlust ausgerichtet, nicht auf die schnelle Bikinifigur.

Diese große Veränderung, die ich innerlich spüre, diesen unfassbar schwer erkämpften Sieg, den ich errungen habe, den will ich auch nach außen hin zeigen. Stehen bleiben kommt nicht infrage. Der Stillstand bringt den Tod. Ich tue das nicht nur für die Außenwelt, sondern es ist der nächste logische Schritt für mich und meine

Gesundheit. Persönliche Entwicklung findet ja immer auf zwei Ebenen statt. Innerlich und äußerlich. Wenn man anfängt, sein Leben in den Griff zu bekommen, beginnt man meistens auch damit, Sport zu treiben, und wenn man Sport treibt, verändern sich auch andere Lebensbereiche zum Positiven. Wenn ich meine Klamotten ausmiste, nehme ich zur gleichen Zeit meistens auch ab, und wenn ich schlanker werde, habe ich den Drang, auszumisten. Das ist wie ein Tiefdruckgebiet, dass so lange Luftmassen anzieht, bis ein Druckausgleich stattgefunden hat und der frische Wind alles wieder in Balance gebracht hat.

Manchmal sind das innere und äußere Bild von sich selbst deckungsgleich und manchmal gar nicht. Es gibt Menschen, die waren früher mal dick und ziehen immer noch den Bauch ein, obwohl sie es längst nicht mehr nötig haben. Bei mir ist es umgekehrt. Ich habe immer noch das Selbstbild der schlanken, coolen Neunzigerjahre-Muriel, das so gar nicht meinem aktuellen Spiegelbild entspricht. Die vierzig Kilo mit Anfang zwanzig waren nicht gesund, aber heute, doppelt so alt und fast doppelt so schwer, ist es für mich auch nicht in Ordnung. Die Wahrheit liegt wie immer irgendwo in der Mitte.

Auch beruflich würde es mir helfen, wenn ich schlanker wäre. Ich würde dann zwar immer noch in der Alterszwickmühle feststecken, aber wenigstens nicht mehr in der Übergewichtsschublade. Dass sie mich aufgrund meines Gewichts nicht besetzen können, war eine ganz klare Ansage, die ich schon von Regisseuren bekommen habe. Das tut weh zu hören. Ich finde dieses Frauenbild ja völlig überholt und bin der Meinung, dass auch kurvige Frauen sexy sein können. Aber zu mir und meinem Selbstbild passen diese überflüssigen Pfunde einfach nicht. Ich habe viel Energie, ich muss jetzt nur noch ein paar Weichen umstellen und dann richtig abbiegen. Schön finde ich mich nämlich immer noch. Schönheit und Jugend – das sind ja auch zwei vollkommen unterschiedliche Paar Schuhe.

Die Schönheit der Jugend liegt in der Fruchtbarkeit, die Schönheit des Alters in der Erfahrung. Und davon habe ich eine Menge gesammelt, allein in den zwei Jahren, die ich jetzt schon trocken bin. Schönheit hat nicht nur mit Äußerlichkeiten zu tun. Und damit meine ich jetzt nicht nur die »inneren Werte«. Die viel zitierten Bauarbeiter pfeifen mir ja nicht wegen meines Charakters hinterher, sondern wegen meines Busens. Nein, ich meine Sexiness. Die ist etwas ganz anderes, als äußerlich schön zu sein. Manche Menschen sehen unfassbar schön aus, haben symmetrische Züge, sind aber sterbenslangweilig. Und andere entsprechen überhaupt keinem Ideal, sprühen aber über vor Charisma. Schön zu sein, bedeutet, unantastbar zu sein, immer auf Nummer sicher zu gehen und das zu bewahren, was man hat. Sexiness vereint Abenteuerlust und Lebendigkeit, genauso Humor und Offenheit für Neues. Während »schön« zu Hause bleibt, um sich nicht schmutzig zu machen, schlägt sich »sexy« mit der Machete durch den Dschungel und hat Spaß. Das bin viel mehr ich! Auf Teufel komm raus das Leben genießen. Meine Schönheit hat mehr mit Mut zu tun, mit Mut zur Veränderung. Auch deshalb könnte ich niemals meine Mimik einfrieren lassen, das würde mich hässlich machen. Wir altern schließlich nicht in Jahren, sondern durch unseren Mangel an Begeisterungsfähigkeit.

Ich möchte gern sexy sein, aber bei Weitem nicht perfekt. Diese ganzen Frauenzeitungen, in denen die neuesten Diättipps feilgeboten werden, gehören in den Müll. Laufstegmodels, denen man berufsbedingt eine gewisse überirdische Schönheit zuschreibt, waren als Vorbilder immer schon ein Problem. Aber erst Social Media hat das größte Unding unserer Zeit produziert: Bodyshaming. Entweder bist du zu dick oder zu dünn, oder der Thigh-Gap (die Lücke zwischen deinen Oberschenkeln) ist zu schmal oder zu breit – was weiß ich. Irgendwas ist immer falsch! In unserem mediengeilen Zeitalter wurden die klassischen Problemzonen wie Bauch und Hüfte um unzählige weitere optimierungswürdige Körperstellen erweitert. Sind vielleicht die Ohrläppchen zu faltig oder die Ellenbogen zu knubbelig? Mädels! Wacht auf! Wir sind gefangen in einer Industrie, die Ängste zu Geld macht. Da wird gelästert, was das Zeug hält, damit frau sich besser mit sich selbst fühlen kann. Warum tun wir Frauen uns das gegenseitig an? Ich finde es auch unmöglich, wenn mich Kostümbildnerinnen mit bissigen Kommentaren aufziehen wie: »Das ist aber auch keine 36 mehr!« Natürlich ist es das nicht. Na und? Das aktuelle Schönheitsideal ist doch eh nur noch auf einem Weg zu erreichen: Photoshop. Aber nur weil man auf einem Bild pseudoperfekt aussieht und viele Likes bekommt, ist man noch lange nicht glücklich! Mir tun die jungen Mädchen heutzutage verdammt leid. Dieser Magertrend, der in den Neunzigerjahren mit der Riege der großen Supermodels begann, findet heute auf jedem Smartphone statt – und zwar 24/7. Da sind aber nicht nur professionelle Models die Vorbilder, sondern Influencer, die sich als das Mädchen von nebenan verkaufen und so unerfahrenen Gemütern suggerieren: Du kannst genauso schlank und perfekt sein wie ich! Nein, das kann eben nicht jede, und das muss auch nicht jede! Sonst würden wir ja alle in Barbies Traumland leben. Ich finde jede Frau gut, so wie sie ist. Zum Glück bin ich mittlerweile alt genug, um nicht mehr auf diese Size-Zero-Mentalität reinzufallen.

Dennoch will ich meine innere Veränderung, auf die ich sehr stolz bin, auch äußerlich zeigen. Das entspringt aber aus einer positiven Einstellung meinem Körper gegenüber, nicht aus der Angst vor Bodyshaming. Ich halte es da mit der ewigen Stilikone Coco Chanel, die so schön gesagt hat: »Beauty begins the moment you decide to be yourself – Schönheit fängt an, wenn du dich dazu entscheidest, du selbst zu sein.« Und natürlich will ich auch wieder mehr arbeiten können. Talent und Erfahrung sind im Schauspiel neben dem Aussehen eben nur die halbe Miete – im wahrsten Sinne des Wortes. Ich freue mich schon auf meinen Körper, wenn er wieder in der für mich optimalen Form ist, und ich freue mich auch aufs Älterwerden.

Denn was man an Elastizität verliert, gewinnt man an Weisheit. Die Schönheit des Alters strahlt eine gewisse Ruhe aus. Zu wissen, dass es Höhen und Tiefen gibt und das Leben in Zyklen geschieht, das ist so einiges Wert. Sich lieber gegen das Drama und für Vergebung zu entscheiden, das macht schön. Die Erfahrung, dass jeder Kummer vorübergeht und man für jeden schönen Augenblick dankbar und demütig sein sollte – darin liegt die Kunst des Alterns.

Käthe

Das Herz meines Kiezes im Prenzlauer Berg bildet der Kollwitzplatz. Ich bin oft mit meiner kleinen Tochter auf dem Spielplatz dort. Da steht eine Bronzestatue zu Ehren von Käthe Kollwitz. Wenn wir an ihr vorbeigehen, begrüßen wir sie jedes Mal: »Guten Morgen, Käthe!« Die echte Käthe wohnte und arbeitete lange in der heutigen Kollwitzstraße und prägte als Künstlerin mit ihren Radierungen und Plastiken einen expressiven und gleichzeitig hoch realistischen Kunststil. Sie zeigte ihre Lebensumstände so auf, wie sie waren. Die mutige Künstlerin schreckte weder vor dem Weberaufstand noch vor der Trauer um tote Kinder zurück und legte sich dadurch mit den führenden Männern ihrer Zeit an. Nachdem ihr Sohn im Ersten Weltkrieg gefallen war, engagierte sie sich als Pazifistin und forderte die Bildung einer Arbeiterfront gegen den Nationalsozialismus. Das Denkmal zeigt sie sitzend mit Blick auf den Spielplatz. Das Podest, auf dem die Statue steht, ist nicht sehr hoch. Die Kinder klettern oft darauf und setzen sich auf Käthes Schoß.

Neulich beobachtete ich einen auf dem Fahrrad vorbeifahrenden Mann dabei, wie er extra anhielt, um die Kinder lautstark dazu aufzufordern, sofort von der Statue herunterzuklettern. Natürlich ohne jede Erklärung, warum. Das war so ein Freizeitbeamter vom Typ »Das macht man einfach nicht!«, der nichts anderes zu tun hat, als sich ständig über irgendetwas aufzuregen. Die Kinder gehorchten, und er fuhr weiter. Sobald er um die Ecke war, kletterten sie wieder auf den Schoß von Tante Käthe. Was dieser selbst ernannte Ordnungshüter nämlich nicht bemerkt hatte: Durch das Klettern der Kinder wird Käthe Kollwitz' Schoß jeden Tag poliert. Der Rest der Statue ist oxidiert und hat eine grau-grünliche Farbe.

Nur der Schoß leuchtet bronzen in der Sonne. Viele Kinderpopos bringen ihn Tag für Tag zum Glänzen.

Es gibt kaum ein treffenderes Bild für weibliche Energie, die den Tod überdauert, als der von Kindern erhaltene Glanz des Kollwitz-Denkmals. Ich glaube, das hätte Käthe gefallen. Sie war eine tolle Frau und hat unfassbar viel durchgemacht. Allerdings ist es ein merkwürdiges Phänomen, dass Frauen oft dafür bewundert werden, was sie alles aushalten können. Männer werden eher für das anerkannt, was sie erreicht haben. Als ob Hindernisse zwangsläufig nötig sind, um eine erfolgreiche Frau zu sein! Dürfen wir es denn nicht einfach mal leicht haben?

Das Wissen und die Erfahrungen, die auf der weiblichen Linie wie in einer Matrjoschka von Frau zu Frau weitergegeben werden, sind ein Urprinzip. Es gibt kaum etwas Archaischeres als eine Geburt. Ich bin angstfrei in alle meine drei Geburten gegangen, weil ich wusste: Ich schaffe das. Wenn das Millionen von Frauen vor mir geschafft haben, warum sollte dann ausgerechnet ich diejenige sein, die versagt? Durch die vielen Frauenvorbilder in meinem Leben fühle ich mich verbunden mit einer höheren Energie. Zugleich wurde mir eine gesunde Skepsis gegenüber scheinbar mächtigen Männern vererbt. Nur weil jemand sagt, er sei ein cooler Typ, muss das noch lange nicht so sein. Und Männer übertreiben in dieser Hinsicht ja gern einmal. Wie dieser russische Promiarzt, der mir prophezeite, meine Tochter würde ein Sohn werden. Bei der Geburt meiner jüngsten Tochter gab es dann übrigens auch noch mal so einen Doktor, der glaubte, mir sagen zu müssen, was ich nach der Geburt brauchte. Ich dachte nur bei mir: Du hast mir gar nichts zu sagen! Ich habe hier gerade einen Menschen geboren – ich weiß, was ich tue!

Dieses Kleinhalten von Frauen durch Männer geht mir tierisch auf die Nerven. Denn Männer können einfach nicht nachvollziehen, was im weiblichen Körper vor sich geht. Sie können es theoretisch lernen und jahrelang studieren, aber sie können es niemals am eigenen Leib spüren. Sie haben nun mal keine weibliche Intuition. Ich glaube, dass viele Männer vor starken Frauen Angst haben und deshalb versuchen, irgendwie »Herr« der Lage zu werden, indem sie die Frauen entweder unterdrücken wollen oder auf ein Podest stellen. Mit einem stereotypen Frauenbild, sei es das Heimchen am Herd oder die Heldin, lässt es sich eben leichter leben als mit einer gleichberechtigten Partnerin auf Augenhöhe. Und übrigens: Auch auf einem Podest kann mann eine Frau kleinhalten. Es sei denn, sie heißt Käthe Kollwitz.

Frauenrollen

Als ich klein war, bin ich völlig selbstverständlich in der Überzeugung aufgewachsen, dass Frauen gleichberechtigt und stark sind. Meine Eltern waren ja beide Teil der aufkeimenden Feminismuswelle der Siebzigerjahre. Ich hatte nie das Gefühl, weniger Möglichkeiten zu haben als gleichaltrige Jungs oder irgendetwas nicht zu können, weil ich ein Mädchen war. Schließlich ließen mich meine Eltern mit 16 Jahren allein nach Italien zum Drehen gehen. Das war ein großer Vertrauensbeweis und der Inbegriff von: »Du schaffst alles, was du willst!« Ich habe also nie an meiner Stärke als Frau gezweifelt.

Dennoch haben mich manche wortwörtlichen Frauenrollen, die ich im Laufe der Jahre spielen musste, ganz schön genervt. Damals schon, aber heute in der Retrospektive sogar noch mehr. Die Neunzigerjahre waren die Zeit der urbanen Prinzessinnengeschichten. Da dreht sich der Film dann um eine alleinerziehende, stets überforderte Mutter, die auf einen Mann wartet – damit am Ende alles gut wird. Da kann ich nur lachen! Frag mich mal! Im echten Leben kommt kein Prinz, der einen rettet. Da sitzt du mit Liebeskummer an der Bushaltestelle, im Regen, und dann kommt nicht mal der Bus. Weil ich jedoch so voll und ganz dem Kindchenschema entsprach, kam es häufiger vor, dass ich die unbemannte Unschuld spielte. Ich löste bei den Menschen einen gewissen Beschützerinstinkt aus. Deshalb verkörperte ich das Happy End mit dem Prinzen, das sich die Zuschauerinnen vielleicht sogar selbst sehnlichst erträumten, richtig gut. Privat war ich aber null so! Ich hatte mein Leben im Griff – mit oder ohne Mann an meiner Seite. Jedoch wollte ich auch viel arbeiten, und in der damals noch wesentlich stärker maskulin geprägten

Fernsehlandschaft gab es eben kaum andere Rollen für Frauen. Es war das Ende des letzten Jahrhunderts! Da waren die Medien noch nicht so weit, Frauen zu präsentieren, die ganz allein und ohne Mann stark sind.

Ich bin Feministin aus Überzeugung. Ich brauche keinen Mann, der mich unterstützt, und fühle mich sehr wohl mit meiner Weiblichkeit. Ich persönlich muss nicht meinen Busen in der Öffentlichkeit beschriften, um das zu beweisen, finde es aber völlig in Ordnung, wenn andere Frauen das tun wollen. Ich glaube, dass Frauen mehr Stärke haben, als sie sich zutrauen. Teilweise wurde ihnen das von Männern ausgeredet, teilweise auch von anderen Frauen – das ist dann umso trauriger. Zum Beispiel wurde *Pippi Langstrumpf*, als das Buch in den Vierzigerjahren in Frankreich erschien, dahingehend zensiert, dass Pippi nur ein Pony hochhalten durfte und kein Pferd. Mit der Begründung, französische Kinder würden das nicht glauben. Darauf soll Astrid Lindgren geantwortet haben: »Aber dann zeigen Sie mir doch bitte ein Mädchen, das in Wirklichkeit ein Pony mit gestreckten Armen in die Luft stemmt.«

Jedes Mädchen kann metaphorisch Pferde in die Luft stemmen! Das steht außer Frage. Deshalb ist es völlig unsinnig, stutenbissig zu sein. Das Konzept, dass sich Frauen gegenseitig fertigmachen, ist mir völlig fremd. Ich habe Frauen, die mehr können als ich, immer bewundert, nie beneidet. Ich halte Sisterhood, also den unbedingten Zusammenhalt unter Frauen, für ein Naturgesetz! Frauen sind gemeinsam einfach stärker, und sich gegenseitig zu dissen, noch dazu, um Männern zu gefallen, sollte gesetzlich verboten werden!

Bei einem Dreh hatte ich mal einen Konflikt mit einer Kollegin. Ich spielte die Hauptrolle, und meine Figur hatte gerade vom Tod ihres Vaters erfahren. Das war eine sehr emotionale Szene, und ich bat darum, dass wir meine Close-ups zuerst drehten. Es ist nun mal sehr schwer, bei etwa zwanzig Wiederholungen jedes Mal die gleiche emotionale Tiefe aufzubringen. Die Kollegin hatte dafür kein

Verständnis und beschwerte sich beim Regisseur über mich. Sie warf mir vor, eine Diva zu sein. Dieses Argument kommt ja oft, wenn eine Frau etwas möchte, was jemand anderem missfällt. Jedenfalls hatte ich sie ziemlich gefressen nach diesem Drehtag. Als ich im Bus auf dem Rückweg zum Hotel mit einigen Kollegen zusammensaß – sie war nicht dabei –, begann einer der anderen Schauspieler über sie zu lästern. Er hatte offenbar eine Affäre mit ihr und teilte ziemlich indiskrete sexuelle Details über sie mit uns. Wie gesagt, ich war stinksauer auf sie, ich hätte ohne Weiteres mitlästern können. Aber das tat ich nicht. Stattdessen wies ich ihn zurecht und sagte: »Entweder du sprichst das an, wenn die Person im Raum ist, oder du lässt es!« Später am Abend bekam ich eine Nachricht von ihr: »Danke für die Schwesternschaft.« Ein anderer Kollege hatte ihr offenbar erzählt, dass ich sie verteidigt hatte. Ja, das tat ich, aber der Punkt ist: Ich tat es nicht für sie persönlich, sondern aus Prinzip.

Ich wünsche mir mehr Zusammenhalt unter Frauen, mehr Respekt füreinander. Dieses Lästern und gegenseitige Bodyshaming entstammt immer einer negativen Quelle. Aber das geht nach hinten los. Man kann die eigenen Unsicherheiten nicht überwinden, indem man andere kleinredet. Es gibt da diese supertolle Kampagne »#LikeAGirl« von einem Bindenhersteller. Bei einem Casting wurden erwachsene Frauen dazu aufgefordert, »wie ein Mädchen« zu rennen. Sie hüpften dämlich kichernd herum und stolperten unsinnig durchs Studio wie die Heldinnen in diesen typischen Chick-Flick-Filmen. Danach wurde jungen Mädchen die gleiche Aufgabe gestellt, und sie rannten so, wie sie sich als Mädchen wahrnehmen – stark, schnell und siegessicher. Laut einer Statistik ist das Selbstbewusstsein von Frauen am höchsten, wenn sie neun Jahre alt sind. Neun! Ist das nicht traurig? Danach kommt die Pubertät mit all ihren Zuschreibungen und dem gesellschaftlichen Druck, wie eine Frau sich zu verhalten und auszusehen habe. Geschürt wird das auch noch durch schreckliche Ausdrücke wie »Sei mal nicht so ein Mädchen!« oder »Was bist du denn für eine Pussy?« Das muss aufhören!

Solange Frauen das Gefühl haben, einen Mann zu brauchen – wofür auch immer –, wird es unter ihnen einen Konkurrenzkampf um diese männliche Anerkennung geben. Aber wenn frau das gar nicht nötig hat, wenn sie weiß, dass sie wertvoll ist, und zwar immer – dann kann sie viel leichter loslassen. Wenn du selbstsicher bist, musst du mit niemandem kämpfen. Dasselbe gilt auch für die sogenannte gläserne Decke in der Wirtschaft, die Frauen noch oft davon abhält, in Führungspositionen zu kommen. Einerseits werden sie von Männern abgeschirmt, die keine Frauen in ihrem Boys-Club wollen, andererseits nehmen erfolgreiche ältere Frauen jüngere Frauen oft noch als Konkurrenz wahr und halten sie deshalb zurück. Das ist so falsch!

Ich bringe meinen Töchtern bei, dass sie stolz auf sich selbst sein können, dass sie in jeden Raum gehören, den sie betreten, und dass sie anderen gegenüber Mitgefühl und Stärke zeigen dürfen, ganz unabhängig von deren Geschlecht. Ich hatte bisher noch keine erwachsene Filmtochter, aber ich hoffe, dass es eines Tages so weit ist. Ich kann Schönheit anerkennen, und vor allem Talent. Ich freue mich darauf, bald mit guten, jungen Kolleginnen zusammenzuarbeiten. Ich muss nicht die Schönste im ganzen Film sein – ich wünsche mir nur spannende, starke Frauenrollen für uns beide. Dann ist alles gut.

Humor

Als ich noch in Salzburg aufs Gymnasium ging, hatte ich eine Freundin namens Bettina. Wir waren unzertrennlich und spielten anderen gern Streiche. Wenn wir zum Beispiel keine Lust auf Chemie hatten, schwänzten wir die Schule und spielten in der Innenstadt ein Spiel, das wir »Tourist-Group-Splitting« nannten. Diese großen Touristengruppen werden ja oft von Reiseleitern zu allen Sehenswürdigkeiten geschleppt: von Mozarts Geburtshaus bis zum Schloss Mirabell. Damit keiner verloren geht, trägt die Reiseleiterin dabei normalerweise einen großen, aufgespannten Regenschirm mit sich herum. Das »Tourist-Group-Splitting« funktionierte so: Bettina und ich liefen ein Stück mit den Touristengruppen mit und spannten dann aus Spaß unseren eigenen Regenschirm auf. Etwa die Hälfte der Gruppe folgte uns blind, während wir sie durch die Stadt lotsten und dann irgendwo völlig verwirrt stehen ließen. Es war ein Heidenspaß!

Schon die alten Griechen wussten ja: Humor ist ein Körpersaft. Eine der besten Charaktereigenschaften, die es gibt, weil sie in so gut wie allen Lebenslagen einsetzbar ist und garantiert jede Situation besser macht. Die Kunst, über sich selbst lachen zu können und in allem ein komisches Element zu finden, selbst in den traurigsten Situationen – das macht stark. In Österreich heißt das Schmäh. Und genau dieser Schmäh ist es, der mich als gebürtige Österreicherin manchmal ziemlich frech und vorlaut sein lässt. Wenn ich die Gelegenheit habe, einen Witz zu machen, dann tue ich es auch. Getreu dem Motto: Lieber einen Freund verloren als eine Pointe. Im Grunde geht es mir nur darum, meine Mitmenschen ein wenig aus ihrer Komfortzone zu holen. Deshalb albere ich gern mit Kellnerinnen oder Busfahrern herum. Manche finden das lustig und haben danach einen schöneren Tag. Manche können auch gar nicht lachen, aber dann war ihnen sowieso nicht zu helfen.

Einmal war ich im Tropical Islands in Brandenburg. Das ist ein viel zu spärlich beheiztes Spaßbad in einem ehemaligen Flugzeughangar, in dem Großstädtern eine Art kulturübergreifendes Tropenparadies vorgegaukelt wird. Neben nachgebauten balinesischen Tempeln aus Hartplastik und dem Auftritt der augenscheinlich lateinamerikanischen Bauchtanzkombo um 17 Uhr kann man dort wie ein echter Tourist auf realem Sand um die Strandliege streiten und Pommes rot-weiß verdrücken. Bei unserem Besuch jedenfalls saß ich dort nass, fröstelnd und so gar nicht in Urlaubsstimmung mit meiner Tochter im Restaurant und bestellte ein Schnitzel. Die Brandenburger Bedienung mit rot-schwarz gefärbten Haaren, einer Dauerkarte fürs Solarium und Augenbrauenpiercing fragte mit Blick auf meine Tochter:

»Wollen se det Kinderschnitzel?«

Ich entgegnete ihr trocken: »Wegen eines Schnitzels schneid' ich doch mein Kind nicht an!«

Ein kurzer Moment Stille.

»Denne also normal!«, sprach's und marschierte von dannen.

Humor stand wohl nicht in ihrer Jobbeschreibung. Nichts für ungut, liebe Berliner und Brandenburger, aber eine derartige Charmelosigkeit würde einem in Österreich nicht unterkommen.

Humor ist auch eine gute Möglichkeit, um negative Gefühle aller Art zu verarbeiten. Schmerzen kann man mit Scherzen heilen. Kein Witz! Dafür muss man »nur« aus der Verteidigungshaltung rauskommen und die Situation mal aus einer anderen Perspektive betrachten. In jedem Schmerz liegt ein Körnchen Humor. Fast jeder Streit ist im Grunde bescheuert. Meistens redet man aneinander vorbei. In der Rage ist aber kein Platz zum Reflektieren. Von außen gesehen jedoch kann es sehr komisch sein, was man sich da so an den Kopf wirft. In meiner Familie gibt es einen erbitterten Kampf um das letzte Keks aus Salzburg. Das sind Mürbeteigkekse mit Schokolade an den Enden, und sowohl ich als auch meine Kinder würden dafür töten! Wenn jemand es wagt, das letzte Keks zu essen, zieht diejenige den Zorn aller auf sich, und es kann sehr persönlich werden. »Teilen ja – aber bei Salzburgkeksen hört der Spaß auf!« Von außen betrachtet sehr lustig, aber eigentlich ein archaischer Kampf ums Dasein. Und beim letzten Stück Sachertorte erst – da gibt's Krieg!

Ich stelle mir in Streitsituationen manchmal vor, das alles wäre ein Film. Die Figuren in einer Komödie fühlen sich genauso schrecklich bei einer Trennung wie die in einer Tragödie. Das einzige, was anders ist, ist die Haltung des Zuschauers. Eine Komödie ist in Wahrheit immer eine Tragödie – nur mit genügend zeitlichem Abstand. Humor ist genau wie Angst oder Wut eine Entscheidung. Die Entscheidung gegen das Drama, gegen den scheinbaren Selbstschutz und für die Liebe und das Vertrauen. Wenn man gemeinsam mit dem Partner über den verletzten Stolz oder eine schwierige Situation in der Beziehung lachen kann, tut es nicht mehr weh. Egal, wie sehr man sich zuvor verletzt hat. So sehr man geliebt hat, so sehr kann man hassen, und andersherum. Es ist die gleiche Energie!

Mit Humor gelingt auch der Trick, seine Mitmenschen zu überraschen. Gerade wenn Konflikte festgefahren sind und jeder nur noch den eigenen Film fährt. Holen Sie die Leute aus der Reserve! Sagen Sie Ihrem vermeintlichen Feind einfach mal was Nettes, oder reagieren Sie komplett anders, als Sie es normalerweise tun würden. Das wirkt genauso bizarr wie die paradoxe Intervention an der Supermarktkasse, hilft aber sehr schnell und bewirkt manchmal wahre Wunder. Mein vergoldetes Patchwürgmosaik wäre ohne Humor längst in sich zusammengefallen.

Die Stunde des Wolfes

Es gibt zwei Kategorien von Ängsten: die Angst vor dem Unbekannten und die Angst vor dem Bekannten. Die Angst vorm Unbekannten ist, wie der Name schon sagt, eher diffus und schwer zu fassen. Da spielen die Fantasie mit hinein und archaische Urängste. Als ich noch sehr klein war, hatte ich eine Kinderfrau. Sie hieß Tante Ine, eine gepflegte ältere Dame mit lila Löckchen und Kaschmirtwinsets. Ich und die Jungs einer befreundeten Familie, auf die sie auch aufpasste, schauten eines Abends gemeinsam den Disneyfilm *Schneewittchen und die sieben Zwerge*, diesen schön gezeichneten Trickfilm, der sonst eigentlich die Kinderherzen auf der ganzen Welt zum Strahlen brachte. Nur meins nicht. Denn ich hatte panische Angst vor der Hexe in diesem Film. Immer wenn ich meine Augen schloss, leuchtete vor mir ihr gruseliges Gesicht mit dieser Warzennase und den strähnigen Haaren auf, die unter der Kapuze heraushängen. Dazu diese Stimme! Es war mein Albtraum. Wenn ich im Dunkeln durch mein Zimmer ins Bad gehen musste, hielt ich meinen Rücken immer an der Wand, damit diese böse Hexe nicht plötzlich hinter mir auftauchen konnte. Alle Haare standen mir zu Berge, und meine Lippen zitterten, so sehr hatte sich dieses Bild bei mir eingeprägt. Tante Ine musste ganz oft das Licht für mich anlassen. Auch heute noch habe ich manchmal im Dunkeln Angst vor dieser Zeichentrickhexe. Das ist kognitiv natürlich total unsinnig, da wird jedoch eine Urangst bei mir getriggert. Die Angst vor dem Bösen und vor Dämonen, die einem nach dem Leben trachten. Ohne diese Ängste gäbe es keine Horrorfilme, und den meisten anderen Geschichten würde ein Antagonist fehlen. Doch diese Dunkelheit zu bekämpfen, ist mühselig, es reicht völlig, das Licht einzuschalten.

Wenn meine kleine Tochter heute Angst vor Monstern hat, dann tue ich genau das. Wir machen Licht und gucken überall nach. Unter dem Bett, im Schrank, hinter der Heizung. Nirgendwo Monster. Und dann finden wir vielleicht doch eins, oben in der Ecke an der Wand. Ein ganz kleines, und das hat solche Angst vor meiner Tochter, dass sie lieber bei mir schlafen sollte, damit das arme Monster Ruhe hat.

Die Angst vor dem Bekannten ist wesentlich komplizierter, aus dem einfachen Grund, weil sie auf reale Gefahren hinweist oder auf unangenehme Situationen, die man schon mal erlebt hat und auf gar keinen Fall wiedererleben möchte. Die größten Ängste habe ich vor Verlust. Denn Verlust habe ich schon zu oft erlebt, und für dieses Gefühl gibt es keine Worte. Wir Menschen sind soziale Wesen. Die Beziehungen um uns herum geben uns durch unsichtbare Bande Halt und Kraft und ein Gefühl der Sicherheit. Sind diese Beziehungen stabil, stehen wir fest mit beiden Beinen im Leben. Aber wird eines oder mehrere dieser Bande plötzlich gekappt, geraten wir ins Wanken, und aus Selbstsicherheit wird erst mal Verzweiflung.

Ich habe schreckliche Angst davor, dass meinen Kindern etwas passieren könnte. So wie jede Mutter. Als ich meinen Sohn geboren habe, spürte ich zum ersten Mal, dass mein Herz außerhalb meines Körpers schlägt. Mittlerweile ist dieses Gefühl verdreifacht. Diese tiefe Liebe und Sehnsucht, aber auch der Schmerz, wenn ein Kind mal nicht da ist, und diese unfassbar vielen Sorgen, die sich Mütter immer machen, kann man sicher nicht nachvollziehen, wenn man kein Kind hat. Wir sind genetisch darauf programmiert, maximal empathisch zu sein und das Leid unserer Kinder mitzufühlen, als sei es unser eigenes. Zum Beispiel schläft meine kleinste Tochter mit vier Jahren noch immer bei mir im Bett. Das widerspricht zwar völlig den gängigen Erziehungstrends – aber welches Säugetier lässt seine Brut nachts allein in einer abgelegenen Höhle schlafen? Die menschliche Rasse konnte sich so weit entwickeln, weil wir diese lange Nestphase von 18 Jahren und oft noch mehr haben. Denn der Nachwuchs der sorglosen Mütter ist längst ausgestorben. Die allergrößte Angst habe ich jedoch davor, meinen Glauben wieder zu verlieren. Ich bin sehr spirituell. Mein Glaube an mich, das Gute in der Welt und an den großen Energieball im Universum gibt mir Hoffnung und ist meine wichtigste Kraftquelle. Schon als Kind habe ich mich gesehen und gemeint gefühlt, ja, geleitet durch Gott oder irgendetwas da oben. Vor meinem eigenen Tod habe ich daher fast gar keine Angst. Als ich meine Kinder auf die Welt brachte, hatte ich in der sogenannten Austreibungsphase jedes Mal das Gefühl, dass ich jetzt sterben würde. Ich rang dann dem Vater oder der Hebamme das Versprechen ab, dass sie sich um das Kleine kümmern müssten. Aber ich war völlig im Reinen damit, zu gehen. Auch als ich bei der Enzephalitis die schwarzen Schwäne vorbeifliegen sah, als Symbol für den Tod, hat mir das keine Angst gemacht.

Meinen Glauben an mich und mein Leben habe ich in der Alkoholphase jedoch mundtot gemacht. Da war kein Gefühl mehr dafür da, was richtig und falsch ist. Ich hatte meine Handlungen nicht mehr unter Kontrolle. Ich habe gelogen und war teilweise nicht sehr freundlich zu meinem Mitmenschen. Und ich hatte in dieser Zeit panische Angst davor, U-Bahn zu fahren. Es hätte ja gut sein können, dass der lebenserhaltende Reflex bei mir aussetzen und ich vor die Bahn fallen würde, wenn sie kam. Das lag nicht mehr in meiner Macht. Die innere Stimme, die einen am Leben hält, war bei mir verstummt. Auch mein Selbstbild war total verschwommen, und meine Intuition aufgelöst in Hochprozentigem. Das ist wahrscheinlich die schlimmste Art von Verlust – der Verlust der eigenen Persönlichkeit. Es hat mich so viel Kraft gekostet, mich selbst wiederzufinden und meinen inneren Kompass neu auszurichten, dass mir das nie wieder passieren darf! Ich musste in meinem nüchternen Leben ja komplett neu laufen lernen und diese ganzen Emotionen, die ich weggespült hatte, ungedämpft ertragen. Diese zehn trostlosen Tage in der Charité wünsche ich meinem ärgsten Feind nicht. Sie sind in meinem Gehirn auf ewig eingebrannt als Warnung. Wenn du einmal Alkoholikerin bist, bist du das für immer. Es gibt keine Heilung, keine ultimative Sicherheit. Nicht trinken muss ich jeden Tag! Ohne Ausnahme. Es gibt unzählige Alkoholiker, die jahrzehntelang trocken sind, und dann passiert etwas Schlimmes, und sie fangen wieder an. Deshalb habe ich meiner Mutter auch in die Hand versprechen müssen, dass ich nicht wieder mit dem Trinken anfange, wenn sie eines Tages stirbt. Ein Rückfall ist keine Option.

Aber dennoch habe ich diese Ängste von Zeit zu Zeit. Oft ist Angst ja auch nützlich, sogar überlebensnotwendig. Ängste warnen vor Gefahren. Wenn eine Gazelle in der Savanne keine Angst hätte, würde sie es nicht lange machen. Ängste sagen uns, dass etwas nicht stimmt, sie zwingen uns, die aktuelle Lebenssituation zu überdenken und Prioritäten zu setzen. Nichts ist so persönlich wie die eigene Angst. Denn sie kommt hauptsächlich aus konkreten Erlebnissen. Was bei den einen nackte Panik auslöst, ist für andere völlig normal. Meine beste Freundin Henriette hat zum Beispiel panische Angst vorm Kettenkarussellfahren, für mich gibt es kaum etwas Schöneres. Ich würde am liebsten in einem Karussell wohnen.

Wer nicht ängstlich ist, kann auch nicht mutig sein. Angst ist ein Urinstinkt, eine körperliche Reaktion des »schnellen Denkens«, wie Daniel Kahneman es beschreibt – automatisch, emotional und unterbewusst. Angst zeigt uns unsere gefühlten persönlichen Grenzen auf. Singen beim Vorsprechen beispielsweise. Ein Casting ist an sich schon eine Situation, die mein inneres Angstbarometer als Gefahr einstuft, aber wenn ich dann auch noch singen muss – und ich singe gut –, bekomme ich sofort Herzrasen. Dabei ist der ganze Prozess völlig harmlos, und hinterher fühle ich mich meistens besser.

Ich glaube, der Umgang mit den eigenen Ängsten ist so ziemlich das Wichtigste, was man lernen kann. Zu unterscheiden, welche Angst berechtigt ist und welche nicht, welche man überwinden muss und welche es zu akzeptieren gilt. Die daraus resultierenden Emotionen zu kontrollieren und sich nicht zu unüberlegten Handlungen hinreißen zu lassen – das ist die hohe Kunst. Wenn alle Menschen ihre Ängste im Griff hätten, gäbe es viel weniger Krieg und Streit. Auch Missgunst, Eifersucht und Depressionen haben Angst als gemeinsame Quelle. Ein erster Schritt ist es, die eigene Angst anzunehmen. Sie als etwas Spannendes zu begreifen, aus dem man lernen kann. Wenn man es schafft, dass die Angst einem keine Angst mehr macht, ist man schon ein ganzes Stück mutiger.

Die gute Nachricht ist: Mit Ängsten kann man reden! Denn du bist nicht die Angst. Das ist eine wahnsinnig wichtige Unterscheidung. Die Angst ist dein persönliches Alarmsystem, das auf dich aufpasst. Aber du sitzt am Hebel! Du entscheidest, ob du den Empfehlungen des Alarmsystems folgen willst oder nicht. Dann hast du wieder die Kontrolle. Wenn ich merke, dass mal wieder so ein diffuses Gefühl in mir aufkeimt, dann sage ich erst mal: »Hallo. Da bist du ja. Ich kenne dich, glaube ich. Was willst du mir denn sagen?« Dann hat die Angst kurz Zeit, mir ihre Befürchtungen und Warnungen mitzuteilen. Wenn sie diese Zeit nämlich nicht bekommt, wird sie nach und nach immer lauter danach schreien. Also höre ich mir kurz an, was sie zu sagen hat, dann bedanke ich mich und antworte: »Botschaft angekommen, aber es ist alles gut. Ich komme schon klar.« Das ist die gleiche Methode wie die mit den Monstern. Genau hinschauen, und dann verpufft das Gröbste. Auch generell etwas Zeit nehmen, das ist wichtig. Tief durchatmen, um den Körper zu beruhigen, und abwarten. Das Alarmsystem fordert ja meist zu einer unmittelbaren Reaktion auf. Flucht oder Angriff. Jetzt sofort auf den Tisch hauen oder einen Kontakt aus dem Handy löschen oder Alkohol trinken! Aber nein, das muss gar nicht sein. Erst mal Zeit gewinnen. Nichts wird so heiß gegessen, wie es gekocht wird.

Vor allem in der Nacht sollte man Ängste niemals ernst nehmen. Zwischen vier und fünf Uhr morgens ist die Stunde des Wolfes.

Da ist das Unterbewusstsein am aktivsten. Wenn man schläft, macht man alles in seinen Träumen aus, im Wachzustand ist es gefährlich, denn da kommt ungefiltert alles hoch, was einen beschäftigt. Es gibt diese alte indianische Weisheit, nach der in jedem Menschen zwei Wölfe kämpfen, ein schwarzer und ein weißer. Welcher Wolf gewinnt? Der, den du fütterst. Wenn man den negativen Gedanken zu viel Raum gibt, werden sie stärker und größer und ihre Handlungsempfehlungen ans Großhirn werden ernster genommen. Das haben mir meine Mutter und Großmutter beigebracht. Die litten genauso wie ich unter diesem nächtlichen Grübeln. Wenn sich das Kopfkarussell immer wieder um die gleichen Themen dreht, am besten aufstehen und irgendetwas Schönes tun. Ich weiß nicht, wie oft ich mir schon um fünf Uhr morgens die Nägel lackiert oder meinen Kühlschrank ausgemistet habe. Aber alles ist besser, als sich im Bett hin und her zu wälzen und der eigenen Angst hinzugeben. Wenn ich dennoch nicht einschlafen kann, dann bete ich oder nehme mich selbst in den Arm. Einfach auf die Seite rollen und beide Arme überkreuzt um den Körper schlingen, das ist herrlich beruhigend und gibt das gute Gefühl von Ganzheitlichkeit. Wer sich selbst umarmen kann, gibt sich alles, was er oder sie in diesem Moment braucht.

Etwas ganz anderes ist es jedoch, wenn man eine Panikattacke hat. Da gehst du k. o. Der Körper übernimmt, und das Gehirn hat nichts mehr zu melden. Wenn die Angst ein Alarmsystem ist, ist die Panikattacke die Infanterie, die hirnlos alles niedermetzelt, ohne Rücksicht auf Verluste. Es fühlt sich an, als ob einem ohne Vorwarnung mit der Panzerfaust voll in den Magen geschossen wird. Die Luft bleibt weg, und alles andere auch. Ich hatte fünf Panikattacken in meinem Leben und bin ihnen im Nachhinein dankbar. Ohne sie hätte ich nicht überlebt.

Dankbarkeit ist auch so ein gutes Mittel gegen die Angst, aber auch, alles mal aus der Vogelperspektive zu betrachten. Sich die eigenen Erfolge von oben anzuschauen und mit der Angst abzugleichen.

Wann hatte ich schon einmal dieses Gefühl, und wie habe ich es damals überwunden? Aber auch ein Blick auf das große Ganze hilft. Viele Menschen, ich inklusive, haben zum Beispiel Angst vor Arbeitslosigkeit, dem Verlust des Einkommens und der damit verbundenen Änderung des sozialen Status. Aber von oben betrachtet leben wir in einem der reichsten Länder der Welt. Das Schlimmste, was uns in Deutschland passieren kann, ist, Hartz 4 zu bekommen. Doch das ist weit mehr, als viele Familien in den ärmsten Ländern der Welt zum Leben haben. Niemand muss bei uns verhungern, wir haben Krankenversicherungen und sauberes Trinkwasser aus dem Hahn. Es ist alles gut. Diese Gedanken entspringen einer tiefen Demut – dem Gegenteil von Hochmut. Demut kommt immer nach dem Fall, aber tut auch vorher schon gut.

Im Zweifel einfach weitermachen. Von meiner Oma Anna habe ich den Pragmatismus einer Trümmerfrau geerbt. Einatmen, ausatmen, weitermachen. Hilft ja nix! Ganz tief drinnen weiß ich einfach, dass ich alles schon irgendwie hinkriegen werde und im Grunde vor gar nichts Angst haben muss. Mein Gefühl der Zugehörigkeit zu meiner Familie und mein Glauben haben mich durch meine bis jetzt größte Krise getragen. Während meines Entzugs habe ich scheinbar aus dem Nichts diese Turbokraft entwickelt. Meine Entgiftung und die positive Entwicklung der letzten Jahre geben mir die Power, um genau damit auch weiterzumachen. Ein wenig wie bei einem Perpetuum mobile. Die Bewegung selbst ist der Antrieb.

Courage, Coco!

»Ja, klar!«, war meine Antwort auf die Frage, ob ich beim Filmdreh aus einem Flugzeug springen würde. Es gab zwar eine Stuntfrau, die mich hätte doubeln können, aber wenn ich selbst spränge, wären nähere Kameraeinstellungen möglich und wir würden viel schönere Bilder bekommen. Die Regisseurin fragte mich auch, ob ich so was schon mal gemacht hätte. Hatte ich nicht. Noch nicht mal drüber nachgedacht. Aber meine Werkseinstellung lautet ja »Einfach machen!«, also traute ich mir das zu.

Es war der zweite von 35 Drehtagen im schönen Mecklenburg-Vorpommern. Bei Sonnenuntergang stiegen wir mit einer alten Antonov auf. Es sollte ein Tandemsprung werden, ich war also mit einem mir völlig fremden Mann zusammengebunden. Er hatte mich vorher am Boden eingewiesen. Um die Szene zu drehen, hatten wir maximal eine halbe Stunde Zeit. Also los! Als wir oben angekommen waren und ich aus der offenen Flugzeugtür heraus sah, wie die mecklenburgischen Felder und Wiesen immer kleiner wurden und das Drehteam am Boden zu einem ameisengroßen Fleckchen zusammenschrumpfte, keimte in mir die Ahnung, dass das vielleicht doch keine so wahnsinnig gute Idee gewesen war. Ich wollte jedoch nicht am zweiten Drehtag vor dem gesamten Team mein Gesicht verlieren. Also dachte ich: Ich muss da jetzt durch. Das Licht war perfekt. Die Abendsonne färbte die Wiesen golden, während mir mein Herz bis zum Hals schlug. Hilft ja nix! Ich hatte Todesangst. Das war kein Kribbeln, keine zittrige Aufregung, es war pure Panik. Alle Zellen meines Körpers rebellierten und krallten sich buchstäblich ans Flugzeug. Was hatte ich mir nur dabei gedacht? Natürlich gar nichts! Übrigens: Hab' ich eigentlich erwähnt, dass ich Höhenangst habe?

Diese Entscheidung war nicht mutig von mir. Das war doof! Mutig sind wir, wenn wir die Konsequenzen unserer Handlungen abschätzen können und dennoch handeln. Mut geht nicht ohne Nachdenken. Ich hatte gar nicht nachgedacht. Ich war nur bedenkenlos meiner Grundeinstellung gefolgt, als ich diesen Sprung gewagt habe. Ich wusste ja nicht, was auf mich zu kommt. Wahrscheinlich habe ich mir selbst so was zugeflüstert wie: »Spring, und das Netz wird erscheinen!« Das ist ja im Grunde ein guter Glaubenssatz, in dieser Situation jedoch recht unwahrscheinlich.

Affirmationen gehören zu meinem persönlichen Mutbaukasten einfach dazu. Ich liebe Sprüche! Sie sind die Essenz großer Gedanken. Das Destillat jahrelanger Erfahrung in einen Merksatz gepresst. Gute Mantras helfen uns, schneller ans Ziel zu kommen. Manchmal hat man dieses undefinierbare Gefühl, eine gewisse Ahnung, die man nicht richtig benennen kann, und dann kommt so ein Sprichwort daher, und plötzlich ist alles glasklar. Die diffuse Gedankenwolke kristallisiert sich zu einem Wortdiamanten. Das Ganze hat auch ein sehr tröstliches und bestärkendes Element. Wenn schon einmal jemand etwas Kluges über so eine Situation wie die, in der ich mich gerade befinde, gesagt hat, fühle ich mich nicht so allein damit. Außerdem heißt es, dass die Situation lösbar ist! Wenn dieser Spruch tatsächlich in die Geschichte eingegangen ist, muss etwas Wahres dran sein.

Der Mutmachspruch Nummer eins in meiner Familie lautet: »Courage, Coco!« Das hat meine Großmutter immer zu meiner Mutter gesagt, denn Coco war ihr Spitzname. Der Spruch bedeutet so viel wie: »Du schaffst das! Hab Vertrauen! Los geht's!« Courage beinhaltet mehr als nur Mut. Da schwingen eine gewisse Unerschrockenheit, Beherztheit, aber auch Draufgängertum mit. Courage ist ein Rezept bestehend aus Tapferkeit und Koketterie, gewürzt mit dem österreichischen Schmäh, weiblich, charmant und kämpferisch. Kein Wunder, dass es keine genaue deutsche Entsprechung dafür gibt. Mut braucht man in konkreten Situationen, aber Courage ist wie Humor eine Charaktereigenschaft.»Courage, Coco!«, sagen wir uns gegenseitig, um uns daran zu erinnern, den Kopf oben zu halten. Um uns auf unsere weibliche Urkraft zu besinnen und mit einem leichten Lächeln auf den Lippen den Wirrungen des Lebens zu trotzen.

Mut kann ganz klein sein oder riesengroß. Meine kleinste Tochter hat sich vor Kurzem zum ersten Mal allein ein Eis allein gekauft. Sie war so mutig. Selbstständig in den Laden zu gehen und zu warten, bis man dran ist, sich eine Geschmackssorte inklusive Extras aus den ganzen Waffel- und Streuseloptionen auszusuchen und das deutlich zu kommunizieren – das ist in dem Alter nicht einfach. Dazu noch der ganze Bezahlvorgang. Man muss sich mal bewusst machen, wie komplex das für eine Vierjährige ist. Sie hat dabei mindestens fünf wichtige Lektionen fürs Leben gelernt, in nur drei Minuten. Erstens: Ich schaffe es allein, ohne Mama. Zweitens: Ich hab' keine Angst, unter Fremden zu sein. Drittens: Ich kann Entscheidungen treffen und sie äußern. Viertens: Für Geld kriegt man Süßigkeiten. Fünftens: Ich bin toll, weil ich mich getraut habe! Für diesen kleinen Menschen war das mindestens so aufregend wie für mich der Fallschirmsprung.

Riesengroßen Mut hingegen beweisen Widerstandskämpfer. Menschen, die für Gerechtigkeit und ihre moralischen Werte kämpfen. Ob für den Umweltschutz, Menschenrechte oder für die Familie. Der Glaube an eine größere Sache als man selbst macht mutig. Dafür lassen manche sogar ihr Leben. Wenn die Angst mal wieder kommt, frage ich mich deshalb immer: Welcher höhere Wert steht denn auf der anderen Seite der Medaille? Soll ich irgendetwas nicht tun, nur aus Angst zu versagen? Nein! Denn ich bin ein Vorbild für meine Kinder. Ich mag ja Angst davor haben, nicht mehr in meinem Beruf arbeiten zu können, wie die meisten Schauspieler auch, aber deshalb gebe ich noch lange nicht auf! Zum einen muss ich meine

Kinder ernähren und zum anderen ihnen beibringen, dass sie alles erreichen können. Das muss ich auch vorleben! Wenn ich mich dann noch daran erinnere, was meine Großmütter im Krieg alles durchgemacht haben, um ihre Familien durchzubringen, zeigt der Moralkompass sofort wieder in Richtung Mut.

Ich habe mal einen Film in den Bergen gedreht. Für die Geschichte war es dramaturgisch wichtig, dass ich über einen schmalen Balken lief, der eine etwa dreißig Meter tiefe Schlucht überbrückte. Wie gesagt, ich habe Höhenangst. Die Bergretter, die bei dem Dreh anwesend waren, haben den Vorgang tausendmal mit mir geübt und mir ausführlich die Sicherungen erklärt. Selbst wenn ich gefallen wäre, wäre ich nicht umgekommen. Aber dieser Gedanke hilft nicht allzu viel, wenn es neben einem dreißig Meter in die Tiefe geht. Ich hätte auch die Chance gehabt, das Ganze abzubrechen. Dann hätten wir das eben irgendwie anders gedreht. Aber ich wollte mir beweisen, dass ich das konnte. Das war Mut, gespeist aus Willenskraft. Ich wollte meine Angst überwinden. Nicht wie bei dem Fallschirmsprung. Da war ich nur übermütig. Bei den Bergrettern hatte ich Zeit zum Nachdenken. Deshalb war mir das Risiko bewusst, und ich konnte meine Angst managen. Der höhere Wert, nicht zu kneifen, sondern die Angst zu besiegen, hat mich sicher über die Schlucht gebracht. Ich wollte meinen Kindern zeigen, dass man alles schaffen kann, was man will. Ich finde es nämlich grauenvoll, wenn Eltern ihren Kindern auf Klettergerüsten sagen: »Komm da runter, das schaffst du nicht!« Ich bin eine ganz schöne Beißerin. Ich gebe nicht so schnell auf. Götz George hat mal zu mir gesagt, ich sei eine Mischung aus Grace Kelly und einem Pitbull. Das nehme ich als Kompliment.

Mit dem Mut ist es wie mit der Liebe – er wächst mit seinen Aufgaben. Je mehr man sich zutraut, desto mehr schafft man auch. Und das gibt einem dann Selbstvertrauen fürs nächste Mal. Das ist wie einen Schalter umzulegen. In vielen Momenten gibt es nur zwei

Optionen: ganz oder gar nicht. Ich konnte nur entweder ganz über diesen Balken laufen oder eben nicht. Halb mutig sein war unmöglich, denn dann hätte ich ja mitten über der Schlucht stehen bleiben müssen. Es kommt wie immer nur auf den ersten Schritt an. Den muss man tun. Und wenn es 178.000 Gründe gibt, die dagegen sprechen, dann sollte man sich eben auf den einen konzentrieren, der dafür spricht. Ein Kind, das laufen übt, fällt ja auch immer wieder hin und steht trotzdem wieder auf. Nur so lernen wir! Durch Versuch und Irrtum. Wenn wir scheitern, sollten wir uns nicht verurteilen, sondern uns freuen. Denn dadurch können wir eine weitere Methode ausschließen, die uns nicht ans Ziel führt.

Im Laufe des Lebens verlieren viele von uns ihre Intuition und diese typisch kindliche Lernfreude. Uns wird eingeredet, dass Scheitern etwas Schlechtes sei. Wir sollen möglichst immer gute Noten bekommen und später beruflich erfolgreich sein, um geachtet zu werden. Deshalb lähmt uns die Angst vor Fehlern. Dabei ist das die dümmste aller Ängste, denn sie führt erstens zu Stillstand und ist zweitens unvermeidbar! Wir machen ständig Fehler in jedem Lebensbereich, ob uns das bewusst ist oder nicht. Sich davor zu fürchten, ist genauso unsinnig, wie sich vor dem Atmen zu gruseln. Deshalb bloß nicht zu lange grübeln! Kein Bedenkenträger sein und ellenlange Pro-und-Kontra-Listen schreiben. Im Zweifelsfall dem Bauchgefühl vertrauen. Oder eine Münze werfen! Und zwar nicht wegen des Ergebnisses, sondern für den Moment in der Luft. Nehmen wir mal an, Sie überlegen umzuziehen. Kopf steht für Berlin, und Zahl steht für Wien. Werfen Sie eine Münze! In dem Moment, in dem die Münze sich in der Luft befindet, werden Sie sich insgeheim wünschen, auf welche Seite sie fallen soll. Da haben Sie Ihre Entscheidung.

Mut im Alltag hat auch sehr viel damit zu tun, den inneren Schweinehund zu überlisten und sich aus seiner Komfortzone zu bewegen. Ein bekanntes Verhaltensmuster ist ja: Lieber bekanntes

Leid ertragen, als etwas Neues zu wagen. Lieber in dem scheinbar sicheren Job bleiben, als sich selbstständig zu machen. Lieber in der unglücklichen Beziehung verharren, aus Angst vorm Alleinsein, und lieber auf der Couch liegen bleiben, als sich aufzurappeln. Der Mensch will behalten, was ihm vertraut ist, selbst wenn das Vertraute nicht gut ist. Ich bin überhaupt keine Freundin dieser Sicherheitspolitik. Sie vergiftet einen von innen. Deshalb gilt es, Gewohnheiten zu durchbrechen. Das musste ich nach meinem Entzug sehr intensiv lernen. Da so gut wie alle Tätigkeiten in meinem Leben mit Alkohol verknüpft waren, musste ich all diese Verbindungen aufdröseln und dafür neue schaffen. Courage, Coco! Die Hürde liegt immer nur so hoch, wie man sie einschätzt. Oder wie Henry Ford mal gesagt hat: »Ob du glaubst, du schaffst es, oder ob du glaubst, du schaffst es nicht. Du wirst in jedem Fall recht behalten.«

Bei meinem Fallschirmsprung hatte ich überhaupt keine dieser Gedanken im Hinterkopf – da war nur Panik. Und dennoch sprang ich! Der erste Moment war einfach nur die Hölle. Schweißattacken, Wut über meine eigene Blödheit. Der freie Fall war der Horror. Es gibt keine Worte, um dieses Grauen zu beschreiben. Dann kam irgendwann der Moment, als ich auf die Füße meines Tandempartners steigen sollte. Das hatte er mir vorher erklärt. Dazu lockerte er etwas an meinem Rücken, was mich noch mehr in Panik versetzte. Das muss aber sein, damit der Fallschirm sich besser entfalten kann. Und dann passierte es: Das schönste Gefühl auf Erden neben Sex und dem Gebären eines Kindes setzte ein. Dieses Kreiseln. Du gleitest in langsamen Bewegungen zurück zur Erde und denkst nur: Gott ist groß! Als ich unten angekommen war, feierte mich das gesamte Team, und meine Endorphine tanzten Polka. Deshalb sagte ich auch »Ja, klar!«, als die Regisseurin fragte: »Könntest du es noch mal machen?« Und wieder stiegen wir mit der Antonov auf. Das zweite Mal war die Angst noch schlimmer, denn mein Körper wusste ja dieses Mal ganz genau, was ihn erwartete. Meine innere Stimme klopfte an meine Schädeldecke und schrie nur: »Bist du geistesgestört?! Wieso tust du uns das an?« Das war leider wieder typisch Muriel. Einfach machen! Beim zweiten Mal habe ich mich richtig verflucht, und dennoch – das Heruntergleiten war wieder traumhaft. Ich war schon oft mutig in meinem Leben. Ich bin angstfrei in die Geburten von drei Kindern gegangen und habe mich in die geschlossene Psychiatrie für einen kalten Entzug einweisen lassen. Ich bin nach all meinem Kummer und allen persönlichen Krisen jedes Mal wieder aufgestanden und habe mich erneut getraut. Wir fliegen immer mal wieder auf die Schnauze, das gehört zum Leben einfach dazu. Allein der Wunsch, dass alles immer gut sein soll, ist schon absurd. Der Zyklus des Hinfallens und Wiederaufstehens ist es, der uns wachsen lässt. Das ist mehr als Mut, das ist Tapferkeit. Nicht rumjammern, sondern akzeptieren, dass man gescheitert ist – und immer wieder weitermachen. Tapferkeit ist eine Tugend, wiederholt angewendeter Mut. Und Mut kommt von machen. Die gute Nachricht ist: Je älter wir werden und je mehr wir durchmachen, desto resilienter und stärker werden wir. Es gibt nur drei Dinge, die man über das Leben lernen kann: Es. Geht. Weiter. Also: Courage, Coco!

Rückendeckung und Ausblick

»Wenn ich mir was wünschen dürfte,
Käm ich in Verlegenheit
Was ich mir denn wünschen sollte
Eine schlimme oder gute Zeit
Wenn ich mir was wünschen dürfte
Möchte ich etwas glücklich sein
Denn wenn ich gar zu glücklich wär'
Hätt' ich Heimweh nach dem Traurigsein«

So heißt es in einem Chanson von Friedrich Holländer. Das ist ein Dilemma, das ich lange Zeit teilte. Ich möchte nur *etwas* glücklich sein, denn zu viel Glück bedeutet Zufriedenheit, und die muss man aushalten können. Zu oft habe ich mich für das Drama entschieden, weil ich Ausgeglichenheit schlichtweg langweilig fand. Aber heute weiß ich die Ruhe zu schätzen, die mir die Nüchternheit schenkt. Ich bin mit wenig zufrieden. Ich möchte nur gern nach Österreich ziehen, am liebsten sofort, aber spätestens, wenn meine Kinder groß sind. Am allerliebsten möchte ich in unserem Familienhaus leben, aber nicht auf dem Berg, sondern am Mattsee. Lustigerweise kommt es von dort. Meine Eltern haben es in Neumarkt am Mattsee gekauft und dort abtragen lassen, um es auf unserem Berg wieder aufzubauen. Vielleicht transportiere ich es irgendwann zurück. Dann würde sich der Kreis schließen. Ich wünsche mir für meinen Alltag das Lebensgefühl, das ich jeden Sommer in meiner Heimat habe. Zugehörigkeit, gutes Essen und vor allem: barfuß zu sein. Dadurch habe ich eine ganz andere Bodenhaftung. Wenn ich nach dem Sommer zurück in Berlin bin und zum ersten Mal wieder festes

Schuhwerk anziehen muss, spüre ich leibhaftig, dass der Sommer vorbei ist.

Ich wünsche mir auch einen Ort wie das Café Florian, in dem ich damals in Charlottenburg so gern war. Dort haben Rainer und ich unsere Scheidung gefeiert. Wir hatten da einen Stammplatz, den nannte ich immer »vorne das Meer und hinten die Berge«, weil er alles Gute in sich vereinte. Er war direkt am Fenster mit einem tollen Ausblick auf den Savignyplatz, und trotzdem hatte ich die Wand hinter mir für eine optimale Rückendeckung. So habe ich mein Leben immer versucht zu leben – mit der Kraft der vorangegangenen Generationen hinter mir und der Neugierde auf Neuanfänge vor mir.

Ich freue mich sehr aufs Altwerden. Einfach, weil lange nicht klar war, ob ich das überhaupt schaffe. Ich hätte, wie so viele Alkoholiker, auch einen viel zu frühen Tod sterben können. Aber jetzt stehen die Chancen gut, dass ich überlebe. Ich würde nicht sagen, dass der Entzug eine *zweite* Chance war, das kann ich erst an meinem letzten Tag auf Erden entscheiden. Vielleicht brauche ich ja noch mehr Chancen. Aber definitiv habe ich dadurch ein vollkommen neues Leben angefangen. Ich habe diese Chance genutzt, und darauf bin ich sehr stolz.

Wenn ich mal älter bin, würde ich mir wünschen, Großmutter zu sein. Keine Ahnung, ob meine Kinder Lust darauf haben, selbst Kinder zu bekommen. Aber ich wäre eine super Großmutter! Ich hatte ja zwei wunderbare Vorbilder. Ich würde meine Enkel nach Strich und Faden verwöhnen. Sie mit Backwaren überhäufen, wie meine Oma Anna damals mich. Sie dürften bei mir ganz lange aufbleiben und fernsehen, ich hätte immer Gummibärchen in der Tasche und würde ihnen Barbie-Pferde kaufen. Scheiß drauf! Großeltern dürfen ja die gleiche Liebe schenken wie Eltern, nur ohne erziehen zu müssen! Traumhaft. Ich wäre eine richtig coole Oma, mit stylischen Klamotten, den immer neuesten Sneakern und frisch rasierten Beinen. Ich werde mich nicht gehen lassen, das hat mir meine Großmutti

Brigitte beigebracht. Eventuell fange ich mit 78 Jahren auch wieder an, Amarone zu trinken, das hat mir mein Suchtarzt erlaubt. In dem Alter ist es dann vermutlich in Ordnung.

Dazu hätte ich gern einen knackigen Sechzigjährigen an meiner Seite, mit dem ich meinen Lebensabend verbringen kann. Jemand, der mit mir auf der Bank vor unserem Haus sitzt und den Sonnenuntergang genießt. Außerdem wünsche ich mir fantastischen Sex im Alter. Okay, wenigstens guten Sex, das wäre schon genug. Und ich hoffe, dass ich die Aufregung in meinem Leben nicht verliere. Dieses leichte Kribbeln, die Lust auf Neues.

Ich möchte weiterhin von meinem Beruf leben können. Das ist ein großer Traum von mir. Selbst wenn Geld keine Rolle spielen würde, würde ich gern weiter Rollen spielen, bis ich tot umfalle. Ich werde so eine komische Alte sein, eine lustige Diva, die das Team mit ihren Scherzen in den Wahnsinn treibt. Das mache ich ja heute schon manchmal. Zum Beispiel, wenn ich am Set ein Walkie-Talkie klaue und immer wieder auf den Sprachknopf drücke. Es ist so lustig zu beobachten, wie alle alarmiert sind und auf eine Durchsage warten, und dann kommt keine. Aus Spaß habe ich meinem früheren Agenten mal gesagt: »Wenn ich alt bin, bestehe ich in meinem Vertrag auf schwedische Oberbeleuchter mit nacktem Oberkörper. Die müssten nicht mal jung sein, durchtrainierte Fünfzigjährige würden mir völlig reichen.«

Ebenso könnte ich mir vorstellen, irgendwann mal zu unterrichten, so wie meine Mutter, auch wenn ich jetzt noch keine Ahnung habe, was ich den Studentinnen erzählen würde. Aber wenn ich gefragt werde, würde ich es vermutlich wagen. Wie so oft: Einfach ins kalte Wasser springen. Schwimmen lerne ich dann von allein. Ich bin ja nicht umsonst Sternzeichen Wassermann.

Das Wichtigste ist jedoch Gesundheit! Ohne Gesundheit ist alles andere unwichtig. Ich wünsche mir, dass meine Kinder glücklich sind, was immer sie auch tun, und ich möchte weiterhin so tolle

Freundschaften haben. Ich will niemals den Geruch von Schnee vergessen. Das können Stadtmenschen vielleicht gar nicht nachvollziehen. Aber ich kann den Schnee riechen, bevor es schneit. Das gehört zu einem achtsamen Leben, so wie all die kleinen und großen Dinge des Alltags. Ich träume von Sachertorte mit kalter Milch, einem Tiffany-Gutschein in unbegrenzter Höhe und dem Weltfrieden. Sofern wir es irgendwann schaffen, zum Matriarchat überzugehen, sollte das auch möglich sein! Ich glaube nicht, dass Frauen so leichtfertig Kriege anzetteln würden. Die Amazonen waren ja auch nur kriegerisch, weil sie sich gegen Männer wehren mussten.

Und vor allem wünsche ich mir, dass ich auch an meinem letzten Tag noch denke: »Ich bin nie liegengeblieben!« Mal kurz straucheln ist ja völlig in Ordnung, aber nicht aufgeben! Ich lasse keine Stagnation zu, denn Stillstand ist das Ende jeder Entwicklung und kommt damit dem Tode gleich. Ich würde mir wünschen, dass mehr Menschen begreifen, dass Hinfallen nicht gleichbedeutend mit Scheitern ist, sondern man nur durch Liegenblieben und Verzagen scheitert.

Leben ist einfach geil! Wir sollten es viel mehr feiern. Nüchtern aufzuwachen und jeden Morgen zu wissen: Jetzt geht's los! – Das gibt mir immer noch so viel Energie. Ich habe seit zwei Jahren nichts mehr getrunken, und mein Leben wird immer besser in allen Bereichen. Es fällt mir auch jeden Tag leichter, durchzuhalten. Der Schwung wird größer durchs Machen. Alles wird besser durchs Machen. Egal, ob Sex, Gulasch kochen, Mut oder Kindererziehung. Also, was immer Sie vorhaben: Einfach machen! Der Tag gehört Ihnen! Und zwar jeder Tag!

Danksagung

Danke an:
Constanze Behrends, 178.000 Mal.
Bo Rosenmüller: Get that role!
Carmen Schießl für Deine endlose Geduld und Gelassenheit mit mir.
FITZ+SKOGLUND für Euren langen Atem und Eure Fürsorge.
Dr. Julia Bezzenberger für Deine kluge Diplomatie und Deinen Ruf wie Donnerhall.
Stefan Adermann für mein Krisenmanagement.
Isolde Nietzschmann-Röhn für den Beistand.
Beate Wedekind für Deine Ratschläge.
Suzanne Arlom für die behutsamen Hyaluron-Behandlungen.
Pat Materne für die einzigartige Mischung aus Motivation und Quälgeist in unserem Personal Training.
Dörte van Benthem Favre fürs Zuhören, ohne zu werten.
Michael Kucharski für das Teilen jahrzehntelanger Erfahrung mit Familienbonus.
Bernhard Hoestermann: Du fehlst.
Den Doktä für mein Neues Ich.
Tobias für die wichtigste Empfehlung der letzten Jahre.
Den Mann am Parkplatz in Hellbrunn, vor dreißig Jahren.
Jette: »Immer Deine«.
Laura Renne fürs Unbequem-Bleiben und Dennoch-immer-an-meiner-Seite-Sein.
Mechthild für mein Sicherheitsnetz.
Ute für Deine immer ehrliche Meinung und unsere Seemomente.
Kai: Du bist der loyalste Freund, den es gibt, und Du magst indisches Essen.

Elke für Deinen unvergleichlichen Zauberstaub.
Lea und den Deinen dafür, dass Ihr die besten Nachbarn Berlins seid.
Lisi Wimmer: Mit Dir auf unserem Floß bin ich glücklich.
Meine Cousinen Daevi und Irit für unsere Kindheitssommer und all jene, die noch kommen.
Peri und Lukas, Geschwister für immer.
Rainer für 27 Jahre absolutes Vertrauen.
Pierre für sein Filet Wellington und die Erkenntnis, dass man über alles lachen kann.
Marcus für P. und so vieles mehr.
Nana fürs Nana-Sein und Deine Liebe zum Advent.
Linus für Deinen unerschütterlichen Glauben an mich.
Meine Kinder dafür, dass ich Eure Mutter sein darf.

Und meinem Vater danke ich für seine Träume.

Constanze Behrends bedankt sich bei Muriel Baumeister für das Vertrauen und die Offenheit. Bei meiner Agentin Nora Boeckl, bei meinen Eltern für das ehrliche Feedback. Bei Sophia und Frederic für die liebevolle Unterstützung, und bei Teresa für die Ösi-Insider.

eister mit Constanze Behrends
t keine Schande, nur Liegenbleiben
-3-95910-251-3

)ks
.ag der Edel Germany GmbH
ght © 2019 Edel Germany GmbH, Neumühlen 17, 22763 Hamburg
edenbooks.de | www.edel.com
.flage 2020

)jektkoordination: Nina Schumacher
ektorat: Tanja Bertele
Umschlaggestaltung: Bianca Domula, affaire populaire
Cover- und Autorinnenfoto: © Mirjam Knickriem
Layout und Satz: Datagrafix GPS GmbH, Berlin | www.datagrafix.com
Druck und Bindung: GGP Media GmbH, Pößneck

Alle Rechte vorbehalten. All rights reserved. Das Werk darf – auch teilweise – nur mit Genehmigung des Verlages wiedergegeben werden.

Printed in Germany

Dieses Buch ist auch als E-Book erhältlich.

Um die kulturelle Vielfalt zu erhalten, gibt es in Deutschland und in Österreich die gesetzliche Buchpreisbindung. Für Sie, liebe Leserin und lieber Leser, bedeutet das, dass Ihr verlagsneues Buch jeweils überall dasselbe kostet, egal, ob Sie Ihre Bücher gern im Internet, in einer großen Buchhandlung oder beim kleinen Buchhändler um die Ecke kaufen.